# 2小时轻松入门
# 哲学史

[日] 小川仁志 ｜ 著

顾康吉 ｜ 译

北京时代华文书局

**图书在版编目（CIP）数据**

哲学史 /（日）小川仁志著；顾康吉译 . -- 北京：北京时代华文书局，2023.8
（2 小时轻松入门）
ISBN 978-7-5699-4770-0

Ⅰ.①哲… Ⅱ.①小…②顾… Ⅲ.①哲学史－世界 Ⅳ.①B1

中国国家版本馆 CIP 数据核字 (2023) 第 150054 号

Zero Kara Hajimeru! Tetsugakushi Mirudake Note
by Hitoshi Ogawa
Copyright © 2018 Hitoshi Ogawa
Original Japanese edition published by Takarajimasha, Inc.
Simplified Chinese translation rights arranged with Takarajimasha, Inc.
Through Hanhe International(HK) Co., Ltd.
China Simplified Chinese translation
rights © 2019 Beijing Time-Chinese Publishing House Co., Ltd.

北京市版权局著作权合同登记号　图字：01-2019-3259 号

出 版 人：陈　涛
责任编辑：余荣才
责任校对：初海龙
装帧设计：程　慧　贾静洁
责任印制：訾　敬

出版发行：北京时代华文书局 http://www.bjsdsj.com.cn
　　　　　北京市东城区安定门外大街 138 号皇城国际大厦 A 座 8 层
　　　　　邮编：100011　电话：010-64263661　64261528
印　　刷：北京毅峰迅捷印刷有限公司
开　　本：880 mm×1230 mm　1/32　成品尺寸：145 mm×210 mm
印　　张：6　　　　　　　　　　　字　数：215 千字
版　　次：2023 年 9 月第 1 版　　印　次：2023 年 9 月第 1 次印刷
定　　价：58.00 元

# 即使有些繁杂，也可以借由图解对哲学史知晓一二

很多人对哲学怀有一种认知，觉得它"有些繁杂，不知要表达什么"。

为此，有些人抱着"虽然哲学看起来很深奥，但我很想去了解它"的想法，购买哲学书籍来了解。之所以会这样，一定是这些人在某个地方接触哲学时感到非常惊讶，并产生顿悟感。

哲学史是"怀疑与发现世界的历史"。其中并没有贯穿始终的理论，可以说，处处矛盾丛生。在哲学史上，有过为"证明神的存在"而宣称"神已死去"的时代，也有过"及时行乐"与"抑制欲望"并行于世的时代。这是哲学史上诸多思想变迁的结果。

由此可见，对哲学一知半解，是很难窥其全貌的。重要的是，要了解哲学，就要沿着历史的足迹来学习各个时代的思想变迁。

本书尽量先将各个时代的哲学家所主张的代表性理论细化，再进行解说。对于不熟悉的名词和概念，采用图解的方式将它们分解后，再用通俗易懂的语言呈现给读者。

本书可以帮助读者除去进入哲学之门路上的"绊脚石"，培养对哲学的兴趣。读者也可以在领略哲学家深奥思想的同时，试着去思考"什么是正确的"。

希望本书也能为读者参悟人生哲学有些微帮助。

# 目　录

## 第一编　西方哲学

### 第一章
# 古典时代哲学

## 第四章
# 近现代哲学

## 第五章
# 现代哲学1

### 第六章
# 现代哲学2

## 第二编　东方哲学

### 第七章
# 东方哲学

第一编

西方
哲学

# 第一章

## 古典时代
## 哲学

西方哲学起源于古希腊城邦。各地的智者聚集到一起，经过反复讨论，产生了一个疑问："让人深信不疑的神话，难道就没有矛盾之处吗？"

古典时代哲学家

毕达哥拉斯
公元前 580 年至公元前 570 年
之间—约公元前 500 年

泰勒斯
约公元前 624 年—
约公元前 547 年

赫拉克利特
约公元前 540 年—约公元前 480 年
与公元前 470 年之间

巴门尼德
约公元前 515 年—
约公元前 445 年

普罗塔哥拉
公元前 481 年—
约公元前 411 年

德谟克里特
约公元前 460 年—
约公元前 370 年

# 哲学始于
# 遵行神的旨意的时代

"哲学"作为一门学问诞生于古希腊。在此之前，人们认为世界上的万事万物都是遵行神的旨意而来的，将无法解决的问题归为"神意"。但也有人对这种宗教解释持有疑问，其中就包括泰勒斯。泰勒斯是活跃于古希腊时期的科学家。他建议人们运用理性探索构成宇宙和世界的"万物本源"。在他之后，后继者接踵而至。由此，哲学诞生了。

此后，古希腊出现了很多被称为"诡辩家"（Sophist）的新知识分子，"相对主义"开始流行。与探求"万物本源"相对，相对主义学说认为"万物没有共性"。苏格拉底亦持这种观点。苏格拉底向人们提出这样的问题："首先，作为前提，你知道些什么？"（首先，要认识自己。）柏拉图则继承了苏格拉底的思想，提出"本质在于天"，而亚里士多德称"本质在于地"。由此，哲学从神学中脱离出来，并获得发展。但是，伴随着亚历山大大帝的薨逝，哲学亦一并衰退。随着基督教的兴起，哲学的身影越发黯淡。

# 需要提前了解的哲学术语

☑ 关键词

## 本原

"本原"一词来自古希腊语，意为"初始"。初始之事物亦是后续事物发展的起因。因此，这个词被赋予"万物本源"之意。

☑ 关键词

## 相对主义

"相对主义"学说认为，认知事物的方法依赖于每个人的"主观"意志，对于同一事物，认识的人有多少，对它的感受就有多少。所以，认知事物的方法不存在共同之处。

☑ 关键词

## 理念

"理念"一词来自古希腊语，意为事物的"形态或面貌"。在哲学家柏拉图的核心思想中，它意为"万物的原型与理想样式"。

☑ 关键词

## 形而上学

"形而上学"指的是脱离自然原理思考"存在"的学问。它的词源是 Metaphysics。它针对万物的存在和起源等，不探索其自然原理（即如何存在），而探索其根本原理（即为什么存在）。

# 水是万物之本原

——泰勒斯

泰勒斯是古希腊七贤之一。据说，他是现存史料中出现最早的哲学家。安纳托利亚半岛（现属土耳其）与古希腊本土隔海相对。在该半岛上，有座叫作米利都的城市。这座城市诞生了"米利都学派"。"米利都学派"处理的是自然哲学问题，它发端于泰勒斯。泰勒斯认为，**水是万物之本原**。他对相关原理进行了探索，但并没有留下相关著作。亚里士多德认为，泰勒斯就是"哲学的创始人"。

水有液态、气态、固态三种形态。故而，万物之本原在于"水"。

# Thales of Miletus

**米利都的泰勒斯**
约公元前 624 年—约公元前 547 年

【思想】自然哲学
【地区】古希腊

### 单身贵族泰勒斯

泰勒斯终身不婚。有一次，泰勒斯的母亲想迫使泰勒斯结婚。泰勒斯回答说："还不到着急的时候。"之后，由于他过了年纪再次被母亲催婚。他应对说："我已经不在适合结婚的年纪了。"

# 本原之"水"充盈于世

这片大陆也好，我也好，树木也好，鱼也好，也许都是海水经过剧烈变化后所创生出来的……

泰勒斯认为，
万物的本原之水为海水

古希腊人认为，大陆悬浮于"母海"之上。由此，泰勒斯认为，"母海"之水改变性质后创生了地上的万物。

这一时代，人们认为世间存在的万物都是神力所为。人们通过神话认识世间存在的万物。典型的例子是，当时的人们认为，洪水和地震是神的怒火。在这样的时代，**泰勒斯探索了目之所及事物的本原，并用理性加以解说**。正是因为泰勒斯进行了这样的哲学思考，他才被赋予哲学创始人的地位。

☑ 关键词 勾股定理、肉眼不可见的本原

# 万物皆数

——毕达哥拉斯

数学家毕达哥拉斯因**勾股定理**等成果而备受尊崇。毕达哥拉斯师从泰勒斯。其后，他创立了带有政治色彩、哲学色彩和宗教色彩的团体（毕达哥拉斯学派）。这一团体信奉人的灵魂可以转世，认为世间万物是基于数与数之间的相互关系而产生的。据说，**"万物皆数"**这一毕达哥拉斯的名言是通过其弟子流传下来的。它同样表明万物的本原是数。

所有的物都可以通过数学公式表示出来。也就是说，支配万物的是数。

# Pythagoras

毕达哥拉斯
公元前 580 年至公元前 570 年之间—约公元前 500 年

【思想】毕达哥拉斯主义

【地区】古希腊

### 超凡魅力的终结

毕达哥拉斯创立的毕达哥拉斯学派急速扩张，成为大型的信仰组织之一。周边的居民非常害怕这个过于庞大的组织失控，就纵火烧毁了他们集会的场所。毕达哥拉斯虽然逃了出来，但还是在田间被抓住，并被割喉致死。

## 主张所有的物都可以用数学公式表示的毕达哥拉斯

所有的物都可以用数学公式表示……

虽然我只看到月亮上的兔子。

**如果目光所及之物都可以用数来表示，那么目光所不能及之物也应该可以用数来表示**

毕达哥拉斯计划，首先将建筑物、月亮的盈亏比例、法则等用数来表示，接着将音阶的规律性用数来表示……最终将宇宙法则也用数来表示。

　　毕达哥拉斯从月亮盈亏、斗转星移、音乐音阶（八音阶）等现象中发现了数学规律。通过扩展这一理论，他认为，数学规则适用于万物。值得一提的是，他不仅发现了定理与规律，还将思考延伸到了物外。在他之前，以泰勒斯为首的先哲在"物质"中找到了万物的本原。而毕达哥拉斯则将思考延伸到了"概念"等目光所不能及之物的领域。后来，柏拉图沿袭了这一思考**"肉眼不可见的本原"**的方式。

第一章
古典时代哲学

# 03 万物皆流

——赫拉克利特

　　赫拉克利特是自然哲学家，出生于爱奥尼亚地区爱非斯城。据说，他是王室或贵族出身，自视甚高，与人交往时常口出恶言，故而没有什么朋友。不过，不只他性格偏执的逸事流传了下来，他的哲学思想也流传了下来。赫拉克利特认为万物的本质在于"变化"，主张 **"万物皆流"**。

人不可能两次踏进同一条河流。
这是因为河流一直在变化。

# Herakleitos

赫拉克利特
约公元前 540 年—
约公元前 480 年与公元前 470 年之间

【思想】万物皆流
【地区】古希腊

## 人缘不佳的哲学家的人生谢幕

赫拉克利特因人缘不佳而归隐山林。一日，他在山中吃了有毒的食物，随后全身起了水疱。他认为，只要让体内的水分蒸发，水疱就可以自然痊愈。于是，他将全身涂满了牛粪，想通过让牛粪变硬变干，然后将体内的水分吸出。然而，牛粪倒是干了，他却死了。

# 人不可能两次踏进同一条河流

### 一秒后的自己不是相同的自己?

万物就像河水的流动一样,一直在变化着。赫拉克利特主张,事物的本质是变化。一秒后的河流、自己、万物都在不断地变化着,即使变化十分微小。

昨天的自己和今天的自己是不一样的

胡子稀疏 → 胡子浓密

一秒后的河流是不同的河流

微生物较多 → 微生物较少

这条河也一直在流动,照理说总有一天会变得温热……

赫拉克利特所主张的变化是"**一直持续不断的变化**"。譬如,我们认为昨天和今天跨进的是同一条河流。但因为河水流动,构成河水的物质一直变化着。故而,虽然"河流"这一存在是不变的,但河水已完全不是昨天的河水。赫拉克利特主张万物本质上一直处于这种变化状态。这给探求不变与共同本原的古希腊哲学界带来了极大的冲击。

# 存在者存在，它不可能不存在；
# 存在者不存在，这个不存在必然存在

——巴门尼德

哲学家巴门尼德出生于意大利南部爱利亚城。爱利亚城是一座被古希腊所殖民的城市。赫拉克利特主张"万物皆流"，而巴门尼德则主张万物永远不会变化。巴门尼德对"有"与"无"的关系进行了深入思考。他曾说："存在者存在，它不可能不存在；存在者不存在，这个不存在必然存在。"那么，他所认为的"存在"究竟是怎么一回事呢？

目之所见的变化无论如何多样，都是主观臆断。存在者存在，它不可能不存在；存在者不存在，这个不存在必然存在。

# Parmenidēs

巴门尼德
约公元前 515 年—约公元前 445 年

【思想】不生不灭

【地区】古代意大利南部

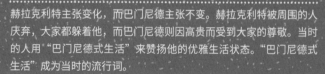

## 与赫拉克利特形成鲜明对照的优雅人生

赫拉克利特主张变化，而巴门尼德主张不变。赫拉克利特被周围的人庆弃，大家都躲着他，而巴门尼德则因高贵而受到大家的尊敬。当时的人用"巴门尼德式生活"来赞扬他的优雅生活状态。"巴门尼德式生活"成为当时的流行词。

## 不变的存在，"存在者存在，它不可能不存在"指的是什么？

即使表象不同，
"存在"一直存在

巴门尼德认为，"无"（不存在）中
不可能生"有"（存在）。与此同时，
"有"也不会变成"无"。表象上的
变化只是徒有其表。"人类"这一
概念会永恒不变地存在。

譬如，人一出生是个婴儿，此后一直成长，为孩童、青年、成人、老人，死后则化为枯骨。人类就这样不断地进行各种各样的变化。巴门尼德认为，这些形态的变化只是其表象，只有"人类"这一**不变的概念才是真实的"存在"**。巴门尼德与赫拉克利特有关"存在"的不变与变化的主张完全相反。这两种主张给围绕万物本原进行讨论的古希腊哲学界带来了极大的冲击，由此诞生了"存在是什么？"这一全新的问题。

# 万物的本原是原子和虚空

——德谟克里特

　　相传，德谟克里特出生于色雷斯。他涉猎广泛，除了哲学外，还精通诸如伦理学、物理学、数学、天文学等学科。他是最早的原子论者，主张"**万物的本原是原子和虚空**"。他提出，万物都是目之所不能见的微小粒子——原子在被称为虚空的空间内经冲突与再结合而形成的产物。

万物最小的单位是原子。
运动的原子通过相互结合形成了万物。

## Democritus

**德谟克里特**
约公元前 460 年—约公元前 370 年

【思想】原子论
【地区】古希腊

### 笑口常开而又长寿的哲学家

德谟克里特比较外向，又很为别人着想。他被周围的人称为"笑着的人"。他活到了在当时算是异常长寿的岁数，据说保守估计有 80 岁。有些书上写他的寿命超过了 100 岁。

## 万物都是原子的集合体

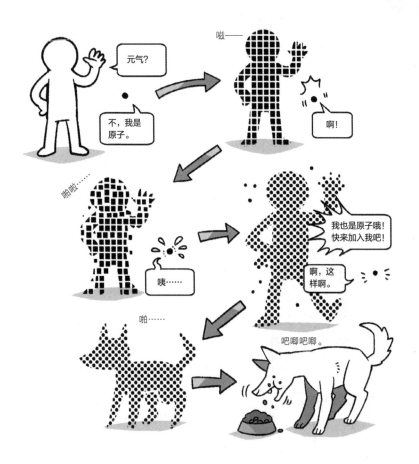

不可再分的粒子以各种各样的形态存在着

万物都是原子这一微小粒子的集合体。这些集合体死后经过腐烂，又形成了其他的集合体。

德谟克里特的这一理论被称为"**原子唯物论**"。根据其理论，原子基于不同的排列顺序与排列方向形成了多种多样的事物；虽然表面形态千变万化，但原子这一存在本身是不变的。德谟克里特认为，我们所感知到的形状、味道、颜色等都不过是原子的排列组合。德谟克里特的主张是后世走向近代原子论的一个重要转折点。

# 人是万物的尺度

——普罗塔哥拉

在古希腊雅典城中，有一些读书人以讲授辩论术为生，他们被称为"诡辩家"。普罗塔哥拉就是一位"诡辩家"。当时，繁华的雅典已经完成司法体系建设，但对司法体系至关重要的律师职业还没有出现。因此，以自我辩护为目的的辩论术在当时是一门非常有人气的学问。普罗塔哥拉提出了**"人是万物的尺度"**的主张。后来，他本人也因此成为**相对主义**的鼻祖。

有人称赞我是善人，有人叱骂我为恶人。人才是万物的尺度。

# Protagoras

**普罗塔哥拉**
公元前 481 年—约公元前 411 年

【思想】相对主义
【地区】古希腊

## 与军舰等价的知识

当时，人们对作为诡辩家的普罗塔哥拉的评价极高。与此同时，普罗塔哥拉也因高价出场费而闻名于世。据说，他演讲一次的出场费堪比一艘海军军舰的价格。

## 归根到底，没有绝对的价值观，人是形形色色的

真实因
观测点（观测者）
而不同

普罗塔哥拉所主张的相对主义认为，无论什么议题都具有两面性，这两面中哪一面都具有正确的（妥当的）观点。归根到底，只有每个个体所感受到的东西才能成为真实。

譬如，即使待在同一个地方，北方人也会说"冷"，南方人也会说"热"。哪一方都没有说谎，两者都是真实的。他们因观测者的感觉或认知不同而不同。由此，普罗塔哥拉主张："不存在绝对的事物，所有的判断都不过是主观印象。"与这一敏锐的考察相反，与相对主义反道而行的"形形色色的人"在雅典逐渐蔓延开来。信奉自我主义的政治家开始推行"众愚政治"。雅典也因此走向没落。

# 我知我无知

——苏格拉底

　　苏格拉底常常被认为是西方哲学的创始人，但他本人在生前并没有留下任何著述。现存于世的有关苏格拉底的信息只见于其弟子柏拉图的著作。苏格拉底某次曾在德尔斐神庙获得神谕（神的启示）。神谕上说："苏格拉底是世间最贤明的人。"苏格拉底感到十分震惊。他遍访他所能知道的贤者与有识之士，试图确定神谕的真伪。

我恐怕是世间最贤明的人吧。
究其原因，是因为我知道自己是无知的。

# Socratēs

**苏格拉底**
公元前 469 年—公元前 399 年

【思想】问答法
【地区】古希腊

## 与悍妻的生活

苏格拉底的妻子克桑蒂贝是一位常常口出不逊的悍妇。她脾气暴躁，还常常在人前叱骂苏格拉底。对此，苏格拉底留下了很多名言，譬如"蝉真好啊，因为它的妻子如此沉默""可以忍耐我妻子的人大抵都会变得很优秀"等。

## 通过反复提问，不明白的事情就会浮出水面

虽然你一直在说蛋糕好吃，但好吃的蛋糕指的是什么呢？

口感与味道有关系吗？

味道好指的是什么呢？

将蛋糕的角竖起来就好吃了吗？

甜度刚刚好是怎么一回事？

我请客吗？

虽然我不是很懂，但好吃的东西就是好吃的呀！

### 问答法

苏格拉底所采用的问答法，是通过反复提问，找出每个人所持有的主张和意见等背后隐藏的常识的方法。

苏格拉底采用的方法被称为"**问答法**"。这种方法首先假设自己"什么都不知道"，通过不断向对方提问，找到对方回答与认知中潜藏的矛盾与蒙昧。作为结果，苏格拉底察觉到，比起那些"自觉有知"的学者，"**自知无知**"（无知之知）的自己更加睿智。问答法采用了"提出疑问，获得解答后进一步推敲"的方法。这一方法在其后亚里士多德等人的论证法中得到了继承。

# 本质在于天

——柏拉图

柏拉图出身于雅典名门，是苏格拉底的弟子。他探求"真善""真爱"等论题。当时的雅典充斥着诡辩家所主张的相对主义潮流。诡辩家们认为"人是形形色色的"，柏拉图则正面反对这一主张。他所主张的是"**理念**"这一独一无二的存在。

万物的本体存在于天上的理想国中，地上的事物只不过是本体的影子罢了。

# Platon

柏拉图
公元前 427 年—公元前 347 年

【思想】理想说
【地区】古希腊

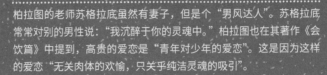

### "男风达人"柏拉图

柏拉图的老师苏格拉底虽然有妻子，但是个"男风达人"。苏格拉底常常对别的男性说："我沉醉于你的灵魂中。"柏拉图也在其著作《会饮篇》中提到，高贵的爱恋是"青年对少年的爱恋"。这是因为这样的爱恋"无关肉体的欢愉，只关乎纯洁灵魂的吸引"。

## 为什么即使外表与马不同，也能让人联想到马？

**灵魂记忆着马的理念**

即使形态多种多样，你也能够通过这些形态想到特定的事物（马）。这是因为灵魂找到了这些形态的共同点，即"马的理念"。

柏拉图说："正如苏格拉底所言，'善'的形态因人而异。但我们知道，无论是哪种形态，皆为某种'善'。这是因为善自有其'原型'来衡量所有的善。"柏拉图将这一原型称作理念。柏拉图说，理念存在于天上的"理想国"中，而地上的万物则是理念的化身。柏拉图主张，人类的精神之所以能在差异中认知事物，是因为它知道理想国中的"原型"。

☑ 关键词 | 形式、质料

# 本质在于地

——亚里士多德

亚里士多德是一位哲学家。他曾于柏拉图所创设的"阿卡德米"学园（柏拉图学园）就学。但是，亚里士多德对其师"理念存于天上理想国"的主张持怀疑态度，认为**万物的本质存在于每一个个体之中**。柏拉图主张"万物皆为理念的化身"，亚里士多德则不认为眼前的事物如动物、植物等是化身，他只认为它们都是客观存在的。

万物的本质不在理想国，
而在每一个个体之中。

# Aristoteles

**亚里士多德**
公元前 384 年—公元前 322 年

【思想】伦理学
【地区】古希腊

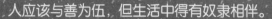

人应该与善为伍，但生活中得有奴隶相伴。

亚里士多德推崇的理想国家是"君主制"国家。因为在贤君治下的国家，人们能够集中精力去探索知识。另外，亚里士多德认为，奴隶制是必要的，"为了能够埋头探索知识，其他的事就交给奴隶去做"。

## 万物的本质存在于每一个个体之中

**柏拉图的观点**

套娃的理念　现实中的套娃

套娃的本质存在于理想国中。

**亚里士多德的观点**

套娃的本质存在于个体中。

← 套娃的本质

← 现实中的套娃

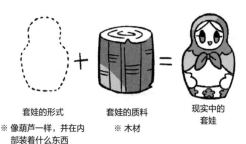

套娃的形式
※ 像葫芦一样，并在内部装着什么东西

套娃的质料
※ 木材

现实中的套娃

**本质由"形式"和"质料"两者共同组成**

亚里士多德认为，每个个体内在的本质由"形式"和"质料"共同组成。"形式"表示的是物体的形状，"质料"指的是构成物体的材料。

　　亚里士多德通过**"形式"**和**"质料"**来说明万物的本质。"形式"指的是物体的形状，"质料"指的是物体的材料。比如说，有了装红酒的酒杯的形状，再与玻璃这种材料结合起来，就有了装红酒的酒杯。他认为，所有的事物都由这两者构成。对形式和质料进行分类来观察个体的理论在后来得到发展，最终形成生物学理论体系。

# 万物皆有因

——亚里士多德

## 万物都依据"四要因"存在

**① 形式因**
物的外形，如可以让
人乘坐的外形。

**② 质料因**
形成物的材料，如钢
铁、橡胶、玻璃等。

**③ 目的因**
物存在的目的，如坐上
它可以快速移动。

**④ 动力因**
使物达成形式的推动力，
如工厂制造。

　　亚里士多德认为万物的本质由形式与质料组成，进而主张**"万物基于四要因而存在"**。该观点被称为**"四因说"**。以车为例，车的外形（可以乘坐的外形）为**"形式因"**，车的材料（钢铁与玻璃等）为**"质料因"**，车的目的（快速移动）为**"目的因"**，车达成形式的推动力（工厂制造）为**"动力因"**。他认为，通过这一观点可以知道世界的构成（形式与存在的目的）。

第一章

古典时代哲学

**11**

# 形而上学先于自然学存在

——亚里士多德

## 形而上学是思考"事物原本是什么"的学问

自然学

· 鲨鱼的牙齿是由什么
 构成的?
· 鲨鱼是如何使用牙齿
 的呢?

形而上学

· 牙齿原本是什么?
· 包括牙齿在内,鲨鱼为什
 么会存在呢?

　　亚里士多德主张"万物基于四要因而存在"。在此基础上,他又构建了先于自然学的**"形而上学"**。自然学探究的是物"由什么构成"(原料)与"存在的目的是什么"(动力)等问题。亚里士多德提出,对**"本原是什么?"**与**"存在的本原是什么?"**等先于自然学的问题进行思考的学问就是形而上学。

第一章
古典时代哲学

**12**

# 去追求精神上的快乐吧，死并不足惧

——伊壁鸠鲁

哲学家伊壁鸠鲁出生于萨摩斯岛，**"快乐主义者"** 一词即出自他之口。不过，他所主张的快乐与耽于肉欲的快乐并不相同。他追求的是**排除情感困扰后的心灵宁静之乐，是无损于肉体的一种状态**。伊壁鸠鲁并不是禁欲主义者，他肯定快乐。他追求的这种快乐心境被称为**"心神安宁"**。

死是意识和感觉的终结，
在精神上和肉体上都没有苦痛。
故而，人不必烦恼。

# Epikouros

**伊壁鸠鲁**
公元前 341 年—公元前 270 年

【思想】快乐主义
【地区】古希腊

## 不追求快乐则心羌

伊壁鸠鲁为什么强烈主张"追求快乐，死不足惧"呢？这是因为当时希腊正遭受马其顿王国入侵，全境国土荒废，为了挽救感受到死亡威胁的民众之心，他提出了这个主张。

## 耽于肉欲不是快乐!

### 快乐主义是什么?

伊壁鸠鲁所主张的快乐指的是"心灵宁静"的状态。当时,希腊正遭受马其顿王国入侵。人们追寻着这样的主张,以达到内心的宁静。

由内心不安到不惧怕死亡的认知

因为死是意识与感觉的终结,即使人死了,内心也不会感到苦,身体也不会感到痛。

人死后的一瞬,灵魂与肉体都归于原子,变成其他东西。

死并不是一件可怕的事,无惧于死即达于乐。

伊壁鸠鲁认为,消除对死亡的恐惧,是内心达到宁静的前提。受德谟克里特的原子论的影响,伊壁鸠鲁也认为,**人的灵魂与肉体都是由原子构成的,人死后就再次成为归于原子的微粒,没有精神上和肉体上的苦痛**。故而,他提出死不足惧。只是,很多人仍信奉神灵,并不能接受将灵魂视为原子的观点。

29

# 顺其自然地生活

——芝诺

芝诺出身于塞浦路斯岛的商人家庭，他的经历与众不同。他曾是一名商人，有一次因船只失事而被困于雅典城。在这里，他邂逅了哲学，并开始钻研哲学。芝诺提倡**"节制，与自然和谐相处"**，指出人类有各种各样的欲望，这些欲望会转化为不安和嫉妒，侵蚀着人的心灵。

人应不为情念所乱，
舍弃欲望，
顺其自然地生活。

# Zenon of Citium

**季蒂昂的芝诺**
约公元前 336 年—约公元前 264 年

【思想】禁欲主义
【地区】古希腊

## 斯多葛学派名称的由来

斯多葛学派这一名称来源于一处名叫"斯多葛"的兼用作刑场的柱廊。它是学派创始人芝诺向弟子们传道授业的场所。"在无旁人光顾的斯多葛聚众讲学"，所以该学派被冠以"斯多葛学派"之名。

# 人与自然和谐相处，内心就会变得平和

如果为欲望所支配……

金钱！酒！女色！

人与自然的平衡就会被打破，人就会滋生出不安与嫉妒等情绪。

我，达到了心神安宁。

通过追求无欲……

人可以从欲望中解放出来，与自然和谐相处。

　　芝诺说："人类只不过是生活在神建立的自然法则中罢了。因此，与自然和谐相处才是最重要的。"他指出，要想与自然和谐相处，人类就得抑制**欲望**，以**无欲**为目标。他提倡节制与**禁欲**。他的这一思想被称为"禁欲主义"，一直延续至今。

31

# 专栏一

# 人类不存在
# 自由意志吗？

"自由意志"指的是什么呢？假设在你面前放着两颗宝石，有人对你说："选择你自己喜欢的那一颗。"其实，这两颗宝石在大小、种类和离你的距离上并没有什么区别。在这种情况下，你无论选择哪一颗都没有什么不同。那么，你会选择哪一颗呢？

假设你随意地选择了右边的宝石，选择理由是"无意之举"。也就是说，自己也不知道选择这一颗宝石的理由（原因）。那么，这样的选择可以被称作自由吗？也可以说，你是基于别的什么意志（存在）而做出了这样的选择。

相反地，如果你加上"我惯于用右手做事，所以选择了右边的"等合理的理由，那会如何呢？虽然你总是遵从合理的选择，但这并不能说你是完全的自由。或者，如果你说"不，我只是在这次做了合理的选择"，那么，为何你只是在这次做了合理的选择呢？如果答案是"无意之举"，那么你的选择还是说不上是自由的。

人类有自由意志吗？

# 中世纪哲学

在基督教处于支配地位的中世纪，神被认为是绝对的存在。哲学以基督教的思想为主导，进入黑暗时代。

奥古斯丁
公元 354 年—公元 430 年

伊本·西拿
公元 980 年—公元 1037 年

托马斯·阿奎那
约公元 1225 年—公元 1274 年

伊本·路世德
公元 1126 年—公元 1198 年

# 将宗教和哲学
# 进行融合的中世纪

进入中世纪以后，基督教被定为罗马帝国的国教，为大多数人信奉。这一时期，哲学上最重要的话题是哲学与神学在理论上的各种冲突。例如，被欧洲遗忘了的亚里士多德哲学在伊斯兰文化圈受到推崇和发展，并在十字军东征时被重新发现。但其内容与基督教教义存在很大矛盾，甚至危及神这一绝对存在。

这时，他们所追求的目标并不是哪一方获胜，而是使哲学与基督教相融合。基督教教父奥古斯丁以柏拉图的哲学为对象，托马斯·阿奎那以亚里士多德的哲学为对象，各自创立了理性与信仰互不矛盾的理论。托马斯·阿奎那说："哲学是神学的婢女。"如其所述，哲学沦为支撑基督教教义的理论，并被重新定义为共同追求真理之物。托马斯·阿奎那的理论被称为"经院哲学"，在这个时代得到普及。

☑ 关键词

# 自由意志

"自由意志"指的是自己决定选择的能力。哲学上与之相反的主张是"决定论"。"决定论"认为人的选择是由外在因素事先决定的。

☑ 关键词

# 自我

"自我"指的是自我意识,即与外界相区别的自己的意识。将自我与肉体相区别,认为它们共同存在的主张是"身心二元论"。

☑ 关键词

# 普遍

"普遍"的特征是无论何时何地都适用于任何个体。"四边形有四个角"等就是普遍的。反之,"特殊"指的是个体独有的东西。

☑ 关键词

# 经院哲学

"经院哲学"指的是中世纪时在修道院与教堂中所传授的哲学理论。"schola"(经院)一词与英语中的"school"同义。"经院哲学"的目的在于理性地消除基督教《圣经》等书中出现的矛盾点。

☑ 关键词 | 自由意志

# 神非恶之源

——奥古斯丁

奥古斯丁出生于北非，年轻的时候过着放纵情欲的生活。他曾经一度为摩尼教所倾倒，很久后才皈依基督教。他以古希腊哲学为基石，确立了基督教的教义体系，主张**"神不创造恶"**。他认为，神赋予人**"自由意志"**，而缺少善心的人选择了错误的行为，所以人们看见了恶。

神只产生善，
恶是不完美的善。

# Augustinus

奥古斯丁
公元 354 年—公元 430 年

【思想】基督教的柏拉图主义
【地区】中世纪北非

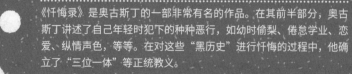

## 对令人羞耻的"黑历史"的忏悔

《忏悔录》是奥古斯丁的一部非常有名的作品。在其前半部分，奥古斯丁讲述了自己年轻时犯下的种种恶行，如幼时偷梨、倦怠学业、恋爱、纵情声色，等等。在对这些"黑历史"进行忏悔的过程中，他确立了"三位一体"等正统教义。

# 所谓恶，只是善不足的状态

### 神创造的只有善，但人会犯错

人本来只带有善。但是，如果善的充实度变低，就会做出错误的选择。

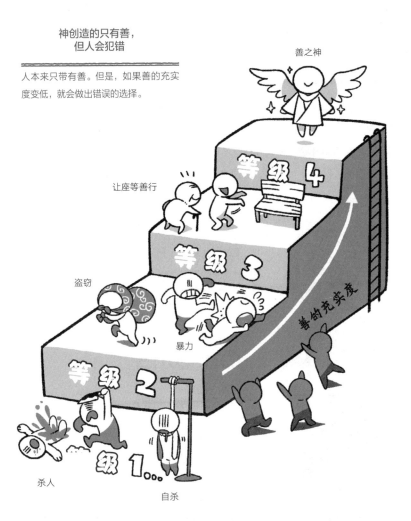

善之神

等级 4

让座等善行

等级 3

盗窃

暴力

善的充实度

等级 2

级 1...

杀人

自杀

在奥古斯丁看来，**恶是不完美（不充分）的善的体现**。也就是说，按照神原本的设计，每个人都能够基于自由的意志行善。但由于存善不足，有人就会做出错误的选择。他说，对神的信仰，就是为了克服这种弱点，使人向善。这种领悟到神之爱并以向善为目标的思想，后来在欧洲传播开来，成为封建社会制度的基础。

第二章 中世纪哲学

39

# 灵魂独立于肉体

——伊本·西拿

伊斯兰哲学家伊本·西拿的拉丁名叫 Avicenna（阿维森纳）。他研究形而上学，自称是"亚里士多德的继承者"。后来，他将伊斯兰哲学体系化，被认为是**中世纪伊斯兰世界泰斗级的知识分子**。不过，亚里士多德认为"灵魂与肉体不是两个不同的物体，而是一个整体"，而伊本·西拿认为**灵魂与肉体是分别存在的**。

有一种东西，即使去掉所有的感觉也能确信其"存在"，它就是"存在"。

## Ibn Sīnā

**伊本·西拿**
公元 980 年—公元 1037 年

【思想】阿拉伯亚里士多德主义
【地区】中世纪北非

### 自孩提时代起保持始终如一的勤勉姿态

伊本·西拿从 15 岁起就开始背诵亚里士多德的《形而上学》，但读了 40 遍也没能理解。一日，伊本·西拿在布哈拉集市经商人推荐购买了法拉比注释的《形而上学》，才终于理解了这本书。

# 灵魂即使离开了肉体也依旧存在

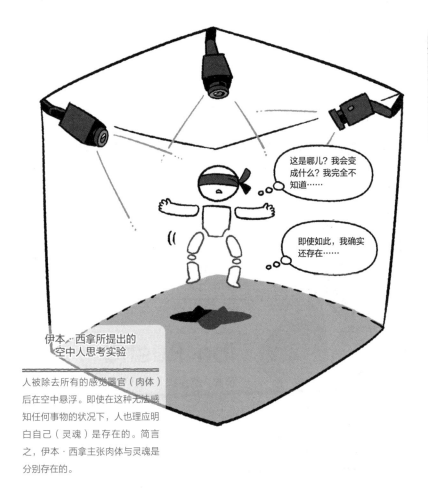

> 这是哪儿？我会变成什么？我完全不知道……

> 即使如此，我确实还存在……

**伊本·西拿所提出的空中人思考实验**

人被除去所有的感觉器官（肉体）后在空中悬浮。即使在这种无法感知任何事物的状况下，人也理应明白自己（灵魂）是存在的。简言之，伊本·西拿主张肉体与灵魂是分别存在的。

伊本·西拿提出了灵魂和肉体有区别的理论。其中最著名的是独特的存在论。为解释该理论，他举了"空中人"的例子。所谓空中人，指的是被除去所有的感觉器官，处在空无一物的空间中飘浮的人。这时，他的意识能知道什么呢？那就是"起码自己还存在"。也就是说，"自我"（灵魂）即使与肉体分离，也依旧存在。该理论后来成为笛卡尔"我思故我在"的二元论的开端。

# 哲学与宗教并非势不两立

——伊本·路世德

伊本·路世德活跃于西班牙的科尔多瓦，是伊斯兰世界具有代表性的哲学家。他以"伊本·路世德"的名字将亚里士多德的著作译成阿拉伯语。**基督教十字军东征后，他的译作又被译成拉丁语，回流到欧洲，并在欧洲取得巨大反响。** 由此，伊本·路世德的拉丁名"Averroes"（阿威罗伊）也渐渐为大众熟知。

事实上，《古兰经》中存在着矛盾之处。哲学和哲学家就是来解决这些矛盾的。

# Ibn Rushd

**伊本·路世德**
公元 1126 年—公元 1198 年

【思想】阿拉伯亚里士多德主义
【地区】中世纪西班牙

## 为罗马教廷所禁的伊本·路世德哲学

伊本·路世德哲学经过合理解释，最终通向信仰真理与理性真理的二元论。而人们接受理性真理的倾向在巴黎大学格外普遍。罗马教廷将其视作危险。1270 年，教廷派遣托马斯·阿奎那禁止教授阿威罗伊主义（又称阿拉伯亚里士多德主义）。

穆斯林相信，通过阅读《古兰经》可以接近真理。

安拉……

伊本·路世德认为教典需要与哲学融合来接近真理。

啊？（威压）

为了让所有人能够理解《古兰经》不用哲学是不行的。

　　伊本·路世德试图将宗教与有别于伊斯兰教义的亚里士多德哲学融合。他说道，**教典（《古兰经》）是正确的，**但为了深入接近真理，融合哲学是必要的。伊本·路世德的主张最终遭到穆斯林的忌惮和回避。14世纪，伊本·路世德哲学在欧洲被译成拉丁语，并由此形成一大哲学流派，被称为"后阿威罗伊主义学派"。

# 所有的事情都有其原因，
# 最初的动力因正是上帝

—— 托马斯·阿奎那

托马斯·阿奎那在基督教会和修道院附属学院研究**经院哲学**。当时的欧洲，以基督教文化为主流。在伊斯兰世界继续发展着的亚里士多德哲学，随着十字军东征回流到欧洲后，欧洲便出现"基督教与亚里士多德哲学，哪一个是正确的呢？"的争论，该争论被后世称为**"普遍争论"**。

哲学虽然探索的是万物的原因和结果，
但无法到达只有上帝才能左右的领域。

# Thomas
# Aquinas

托马斯·阿奎那
约公元 1225 年—公元 1274 年

【思想】基督教亚里士多德主义
【地区】中世纪意大利

## 沉着冷静的"天使博士"

托马斯·阿奎那是经院哲学的代表人物、神学家，因《神学大全》而闻名于世，被称为"神学界之王""天使博士"。他性格十分温厚，辩论的时候也沉着冷静，被他的形象吸引的人也不在少数。

# 神学处理哲学无法触及的领域

万事皆有其原因。那么最初的原因是什么呢？除了神以外还有谁能够说明白呢？

唉……

神之队

亚里士多德队

宗教处理人死后的世界、万物之始等人类理性无法触及的领域。

哲学所理解的说到底只是人的水平，超越哲学理解范畴的事交给神学就行了。

胜者之队

神

天使

人

动物

其他

宗教

哲学

哲学处理人类与其他生物等可以用人类理性解释的领域。

**哲学是神学的婢女**

托马斯·阿奎那为神学与哲学建立了明确的上下级关系。当时，"哲学是神学的婢女"这句话非常流行。

　　亚里士多德哲学认为，所有事物的发生皆有其因果关系。对此，阿奎那反驳说："追溯所有原因后得到的最初原因是什么呢？"他将**"最初原因"定义为"神"**。他认为，可以用理性来解释范围内的学问是哲学，超越理性察知范围的学问是**神学**。**他确立了后来基督教的优势地位**。

45

# 专栏二

# 有多少文明，
## 就有多少哲学

通过哲学史这种形式来学习哲学，你会发现很多教科书的最初几页讲的都是古希腊时代。"philosophy"这一单词就来源于意为"热爱智慧"的古希腊语。在日本，最早使用"哲学"这一词语的是活跃于明治时代的哲学家西周。据说，当时哲学的名称为"希哲学"。

相对于西方哲学，很多书店都设置了"东方哲学"这一陈列。也有很多人认为，将中国哲学、日本哲学和印度哲学陈列在一起是不合理的。有多少文明，就有多少独特的群体和看待世界的方式。从古代开始，人类就一直在探索这种现象。这可以从自然环境、文化习俗和宗教的多样性中看出来。

那么，无论是东方还是西方，哲学究竟是在怎样的时代背景下和社会环境中以怎样的方式来认识人类、引导人类的呢？也许只有进行这样探索的哲学，才能称得上真正的哲学。

第三章

# 近代哲学

进入近代以后，西方哲学重新焕发出生机，回归人性成为潮流。这一时期，西方哲学人物灿若星辰，层出不穷，人类的意识与存在成为瞩目的焦点。

近代哲学家

皮科
公元 1463 年—公元 1494 年

马基雅弗利
公元 1469 年—公元 1527 年

蒙田
公元 1533 年—公元 1592 年

帕斯卡
公元 1623 年—公元 1662 年

霍布斯
公元 1588 年—公元 1679 年

笛卡尔
公元 1596 年—公元 1650 年

斯宾诺莎
公元 1632 年—公元 167

休谟
公元 1711 年—公元 1776 年

洛克
公元 1632 年—公元 1704 年

贝克莱
公元 1685 年—公元 1753 年

培根
公元 1561 年—公元 1626 年

莱布尼茨
公元 1646 年—公元 1716 年

# 文艺复兴时期，
# 哲学进入黄金时代

欧洲进入近代以后，随着文艺复兴和宗教改革运动，一直生活在"神的教诲就是一切"的价值观中的人们掀起了人文主义浪潮。源自古希腊和古罗马的以人为中心的文化瞬间席卷欧洲，哲学也蓬勃发展。人是美好的。在这种思想指引下，人们开始关注人类所拥有的能力及能动性，以及"自我"。这也成为这一时代的特征。并且，越来越多的人认识到，长期以来，哲学追求的"真理"并不是高高在上的，它取决于人的意识。

笛卡尔发现"意识"的存在，并将主体与客体区分开来，提出"我思故我在"，由此产生了巨大的影响。从这时起，人们开始转而关注人类所拥有的知识、神与善恶等观念，并形成两大思潮。一种是以笛卡尔、斯宾诺莎、莱布尼茨为代表的大陆理性主义。大陆理性主义认为，人生来就拥有"天赋观念"。另一种与之相对，是以培根、洛克、休谟为代表的英国经验主义。英国经验主义认为，人是通过经验来获取知识的。

# 需要提前了解的哲学术语

☑ 关键词

## 文艺复兴

- - - - - - - - - - - - - - - - - - - - - - - - - - - -

法语意为"再生""复活",指的是始于 14 世纪的意大利,在 15—16 世纪遍及西欧的一个文化解放时期。这一时期,以反抗封建制为基础,自由地追求以人为中心的文化与艺术。

☑ 关键词

## 经验

- - - - - - - - - - - - - - - - - - - - - - - - - - - -

日语中的"经验丰富"指的是在很多场合都能熟练处理。与日语"经验丰富"中的"经验"的意义不同,哲学中的"经验"指的是通过视觉、听觉等来感知。

☑ 关键词

## 怀疑主义

- - - - - - - - - - - - - - - - - - - - - - - - - - - -

"怀疑主义"中的"怀疑",并不只含"多疑"的意思,还包含"避免积极的断定、持保留立场的态度"的意思。

☑ 关键词

## 观念

- - - - - - - - - - - - - - - - - - - - - - - - - - - -

听到"某个词语"时,脑海中所浮现的就是"观念"。比如,听到"东京巨蛋",脑海中会浮现"白色的膨胀体";听到"棒球""巨人"等词语时,脑海中会浮现它们的形象。这些都是"观念"。

# 人既可以成为动物，
# 也可以接近于神

——皮科

　　皮科出生于意大利北部，父亲为米兰多拉伯爵。他是活跃于意大利文艺复兴时期的哲学家。在中世纪的欧洲，基督教实力强大，**自由意志被视为滋生罪恶的"原罪"**。但是，**进入文艺复兴时期，人们的自由生活方式得到肯定，自由意志受到尊重。**

> 人类可以基于自由意志决定自己的命运。只要愿意，人既可以成为动物，也可以接近于神。

# Pico della Mirandola

**皮科·德拉·米兰多拉**
公元 1463 年—公元 1494 年

【思想】人文主义
【地区】意大利

## 遭毒杀而壮烈殒身

皮科曾被当作异端而遭到囚禁。后来，洛伦佐·德·美第奇将他释放并保护起来。然而，因为皮科与反对美第奇家族的萨佛纳罗拉关系亲密。31 岁那年，他被洛伦佐之子用砒霜毒杀。

# 拥有自由意志之人的选择

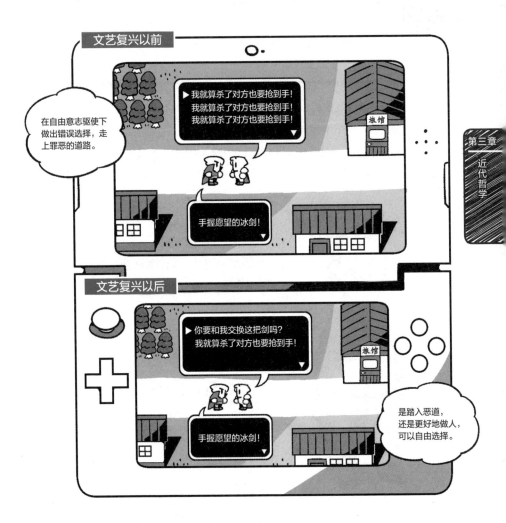

皮科沿袭了文艺复兴的思想，强调人的自由意志的力量。他说："**神所造之物大多在神的限制之下活着。但神赋予人自由意志。人要遵从自己的自由意志，开创自己的命运。**"他还认为，由于选择不同，人有可能在欲望驱使下沦为动物，也有可能开创命运，甚至接近于神。这一思想成为意大利文艺复兴发展的基础。

# 目的使手段正当化

——马基雅弗利

"马基雅弗利主义"认为，人为了达到目的，可以不择手段。这是说得最为冷酷、透彻的伎俩。它出自意大利思想家马基雅弗利。马基雅弗利生活的时代，教皇国与威尼斯共和国等强国在意大利半岛纷争不断，局势十分混乱。马基雅弗利起初是一名官员，后来丢了官。在失意期间，为了找到下一个职位，他写下了《君主论》。

不能做华而不实的事。
为了达到目的，人也有必要变得冷酷、不择手段。

# Niccolo Machiavelli

**尼科罗·马基雅弗利**
公元 1469 年—公元 1527 年

【思想】马基雅弗利主义
【地区】意大利

## 意大利文学史上最著名的优美信件

马基雅弗利在隐居时给好友弗朗西斯科·维托里尼写了一封信。在信中，马基雅弗利提及，自己白天从事农业劳作或与附近的人一起赌博等，晚上换上唯一的一件好衣服，独自读书、创作《君主论》等。

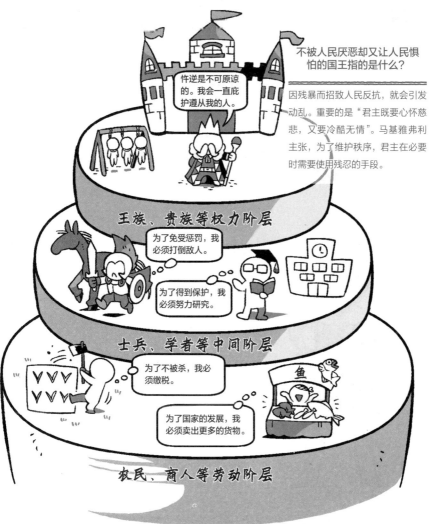

不被人民厌恶却又让人民惧怕的国王指的是什么？

因残暴而招致人民反抗，就会引发动乱。重要的是"君主既要心怀慈悲，又要冷酷无情"。马基雅弗利主张，为了维护秩序，君主在必要时需要使用残忍的手段。

第三章 近代哲学

忤逆是不可原谅的。我会一直庇护遵从我的人。

王族、贵族等权力阶层

为了免受惩罚，我必须打倒敌人。

为了得到保护，我必须努力研究。

士兵、学者等中间阶层

为了不被杀，我必须缴税。

鱼

为了国家的发展，我必须卖出更多的货物。

农民、商人等劳动阶层

在《君主论》中写有"比起受人爱戴，使人惧怕会更安全些""对民众，不是抚摸其脑袋，就是卸掉其脑袋"等内容。它们给人留下冷酷无情的印象，因此饱受批评。但是，不能靠做华而不实的事来打发时光，这已成为**古今中外通用的领导力要素**。它作为普遍的组织行为学与领导力理论，至今仍通行于世。

# 我现在所知道的是什么呢？

——蒙田

思想家蒙田出身于法国新兴贵族家族。他穷尽一生都在追求人类理想的生活方式，曾经一度担任市长要职。38 岁时，蒙田辞去官职，每天都在读书和思索中度过。他的座右铭是："我现在所知道的是什么？"从怀疑主义立场出发，他不断地向自己提出各种疑问，编织着人生的哲学。

我现在所知道的是什么呢？
难道不是什么也不知道吗？

# Michel Eyquem de Montaigne

米歇尔·埃伊奎姆·德·蒙田
公元 1533 年—公元 1592 年

【思想】人文主义
【地区】法国

## "婚姻就像鸟笼一样"

蒙田在《随笔集》中写有这样的句子："婚姻就像鸟笼一样，笼外的鸟儿拼命想进去，笼内的鸟儿拼命想出来。"因认为恋爱产生的强烈感情对自由有害，所以蒙田厌恶这一感情。

第三章 近代哲学

在欧洲和新大陆，
人们相互争斗不绝

16—17世纪，在哥伦布发现的新大陆上，西班牙人频繁地奴役、屠杀原住民。同一时期，在欧洲也爆发了天主教徒与新教徒之间的战争。

西班牙人发现新大陆（美洲）后，对那里的原住民进行了疯狂掠夺与文化压制。同时，欧洲本土爆发了宗教战争。属于同一个国家的基督教徒也发动战争。蒙田对此忧心忡忡。他提出，即使**文化和思想存在差异，也不应有独断和偏见，中庸才是十分重要的**。他撰写了《随笔集》一书。该书对后来同样信奉怀疑主义的笛卡尔和帕斯卡产生了很大影响。

第二章
近代哲学

# 04

# 人是会思考的苇草

——帕斯卡

　　法国思想家帕斯卡是一位在数学与物理学等领域颇有建树的科学家。在作为学者活跃于学界的同时，他还笃信宗教，31 岁时进入修道院，开始修道生活。皮科主张"人类的自由意志与理性等是无限的、万能的"，随着文艺复兴的发展，他的思想形成风潮，迅速扩散。对此，帕斯卡产生了危机感。

人是像苇草一样无力的存在。
但人是会思考的苇草。
认识人类的脆弱是有必要的。

# Blaise Pascal

布莱瑟·帕斯卡
公元 1623 年—公元 1662 年

【思想】詹森主义
【地区】法国

## 早熟的天才帕斯卡

帕斯卡于 39 岁那年因病去世。16 岁那年，他发表了《圆锥曲线专论》，之后又发现并证明了有关流体力学的帕斯卡定律、概率论等。据说，在他短暂的一生中，这些成就只是他消遣时取得的。

## 人类的想象力是脆弱的，容易受到影响

想象力有时也会将
人的判断引向谬误

想象力确实有时会将人引向真理，但有时也会将人引向谬误。被
误导的典型因素是表象。人会受表象的影响而做出错误的判断。

　　帕斯卡说："**人是会思考的苇草**。"苇草是一种与稻子相似的植物，经风一吹就
会弯曲。这里的苇草用来比喻人的想象力。帕斯卡认为，人的想象力（苇草）既有
可能通向真理，也有可能通向虚妄，但都可以轻易地被外力（风）动摇，是非常脆
弱的。这种强调人类意志脆弱性的主义被称为**詹森主义**。之后，詹森主义以法国为
中心，其影响力不断扩大。

# 权力管理民众的契约

——霍布斯

霍布斯是英国哲学家、政治思想家。他创立了**机械唯物主义**，提出**社会契约论**。机械唯物主义是用因果关系来解释自然界的各种各样现象的理论。霍布斯认为，人在自然状态下会采取满足自己欲望的行动。他将采取这一行动的权利称为**"天赋人权"**。但它必然会带来争端。霍布斯将这种争端称为**"所有人对所有人的战争"**。

在自然状态下，所有人都在争夺。因此，人们之间需要制订契约。握有绝对权力的国家是有必要的。

# Thomas Hobbes

**托马斯·霍布斯**
公元 1588 年—公元 1679 年

【思想】社会契约论
【地区】英格兰

## 相信唱歌可延寿 3 年

霍布斯有爱操心的一面。他认为"一旦自己因感冒去世就不妙了"，所以特别注意健康。他所践行的健康方法是"唱歌"，在夜深人静的时候唱歌，歌声响亮，飘到了屋外。只是，他的歌声不怎么动听。

### 霍布斯的社会契约论

君权神授论认为，国王的权力是由神授予的。社会契约论则称，国王的权力是为了"保证国民的安全"所行使的权力。

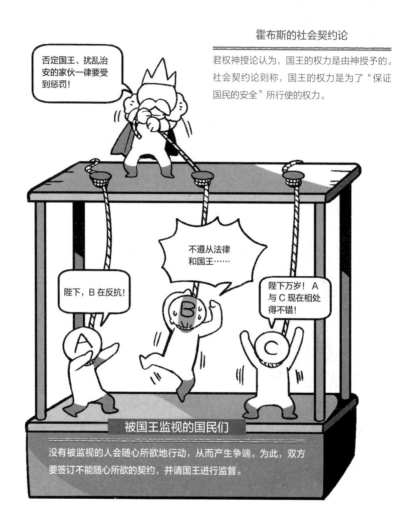

否定国王、扰乱治安的家伙一律要受到惩罚！

不遵从法律和国王……

陛下，B 在反抗！

陛下万岁！ A 与 C 现在相处得不错！

**被国王监视的国民们**

没有被监视的人会随心所欲地行动，从而产生争端。为此，双方要签订不能随心所欲的契约，并请国王进行监督。

第三章　近代哲学

霍布斯提出的社会契约论主张，不依靠自然权利，而是通过互相签订契约，并由拥有绝对力量的公权力来制定保障人的安全与自由的法律，以此来建立一个良好的社会。在此之前，国王等当权者依据君权神授论建立国家，而霍布斯**试图用合乎逻辑的方式来把握国家的组织架构**。

☑ 关键词 ┃ 我思故我在、怀疑的方法

# 我思故我在

——笛卡尔

笛卡尔既是哲学家，又是卓越的数学家。一般来说，数学以公理（如平行线不会相交等）作为大前提，来解决问题。据此，谁都可以得出相同的解答。为了将这一系统引入哲学，笛卡尔对**"哲学公理＝无可置疑的真相"**进行了探索。由此，他提出**"我思故我在"**。

存在着无法确信的我。
只有这一点是可以确信的。
我们就以此作为出发点吧。

# René Descartes

勒内・笛卡尔
公元 1596 年—公元 1650 年

【思想】大陆理性主义
【地区】法国

## 笛卡尔逝世于斯德哥尔摩

笛卡尔晚年在荷兰过着悠游自在的生活。有一次，对笛卡尔颇感兴趣的瑞典女王传见他。那是北方隆冬时节，忙碌的女王将每天笛卡尔讲课的时间定在早上五点。由于身体不适，笛卡尔得了肺炎，于 53 岁时逝世。

为了找到公理，笛卡尔采用"怀疑一切，寻找真相"的方法。该方法被称为**"怀疑的方法"**。结果，他发现，周围的一切，甚至连自己的肉体都是可疑的。但与此同时，他也发现无法怀疑的东西，即**"怀疑一切的自我意识"**。笛卡尔将自我意识作为哲学的第一原理，近代哲学也由此急速向前发展。

# 世界即神

——斯宾诺莎

　　笛卡尔提出二元论，认为身体与意识是独自存在的。与之相对，荷兰哲学家斯宾诺莎则认为意识与身体是联动的，包括自然在内的所有一切都是一体的，人及其周围的动植物、环境等全都是自然，自然本身就是神。这一主张被称为泛神论。

神没有创造世界。
神就是世界本身。

# Baruch De Spinoza

**巴鲁赫·德·斯宾诺莎**
公元 1632 年—公元 1677 年

【思想】大陆理性主义
【地区】荷兰

## 一生朴素，孤独终老

　　斯宾诺莎因具有无神论倾向而被逐出犹太教。他一生未婚，过着俭朴的生活。虽然他一生勤奋刻苦，但最终还是一个人在阁楼上孤独离世。离世后，友人将他的遗稿结集出版，但该"遗稿集"被列为禁书。

# 我、那个人，还有世界都是神的一部分

神

人的身体与意识、树木、太阳、星星都是神的一部分。

**认为世界即神的泛神论**

人是自然的一部分。自然不是神创造的产物，而是神本身。简言之，泛神论认为，人的意识与身体都是神的一部分。

当时的基督教认为神是"具有人格的存在"，而斯宾诺莎的泛神论认为，**神是非人格的东西**。因此，其**泛神论被视为无神论与异端邪说，受到强烈的抨击**。斯宾诺莎因此受到排挤，以教书和打磨镜片为生。他一生未婚，孤独终老，为哲学献身，但他的思想对后来的康德和尼采等产生了重大影响。

# 所有的未来都是"前定和谐"

——莱布尼茨

莱布尼茨是德国哲学家、数学家，还以政治家与外交官等身份施展着自己的才华，活跃于多个领域。他主张，就如同物质是由原子构成的一样，**世界是由"单子"这一非常小的单位构成的。**单子与单子相互协调一致，就构成了世界。

这个世界不是偶然形成的，
而是神创造的众多可能的世界中
最好的一个。

# Gottfried Wilhelm Leibniz

戈特弗里德·威廉·莱布尼茨
公元 1646 年—公元 1716 年

【思想】大陆理性主义
【地区】德国

### 17 世纪，计算机算法的源头

莱布尼茨以数学家、政治家、外交官等多彩的身份施展着才华。他提出的二进制是今日计算机算法的根基。另外，他还发明了与现在的计算机算法完全不同的步进计算器。到 20 世纪前半叶时，人们还在使用它。

## 单子这一存在，是由神所编码的

首先，神创造了单子，并进行了编码。

先给单子编码，设定世界会持续到 21 世纪……

神的实验室

引导世界走向最佳的单子

单子为神所创造的组成世界的最小单位。单子先由神进行编码,引导世界走向"前定和谐"的未来。

其次，神完成了编码，
对单子进行散播。

来，按照编码创造并引导世界！！！

创造世界！
导向未来！

　　相比笛卡尔的二元论和斯宾诺莎的一元论，莱布尼茨的观点被称为**多元论**。莱布尼茨说，单子是由神事先编码的个体，编码的内容则是"将世界引向最好的方向"。莱布尼茨认为，从创世之初到我们生活的当下，人类的发展史都是根据编码由单子引导的**"前定和谐"**的结果。

# 知识就是力量

——培根

培根出身于英国一个高级官员家庭，年纪轻轻就当上了议会下院议员，晋升为大法官后，因被指控贪污受贿而入狱。晚年，培根潜心研究哲学。培根的时代，文艺复兴方兴未艾，伽利略、牛顿等人极大地推动了科学进步。培根认为，不应该沉迷于理性与信仰，**重要的是依靠感觉，根据经验与实验等获得正确的知识（知识就是力量）**。

> 只有通过经验和实验来征服自然，
> 生活才会变得丰富多彩。

# Francis Bacon

**弗兰西斯·培根**
公元 1561 年—公元 1626 年

【思想】英国经验主义
【地区】英国

### 实验的结果是……

培根因被指控贪污受贿而被开除了公职。晚年，他致力于研究法律、哲学、历史、科学等。但是，他的探究心却带来了祸患。有一天，他做冷冻实验，将雪填入鸡的腹中。结果，他染上了风寒，而后发展成肺炎，不幸去世。

**通过经验获得正确知识的四大心理障碍**

培根认为，在通过经验获得正确知识之前，存在着四大障碍（假象）：① 种族假象、②洞穴假象、③ 市场假象、④ 剧场假象。只要越过这些障碍，就能获得正确的知识。

正确的知识

④ 剧场假象

相信权威之人的话语而产生的偏见，如演讲、演出等。

③ 市场假象

因聚集产生的传闻等带来的误导，如流言、网络风闻。

② 洞穴假象

来自家庭环境、境遇、个人经验的偏见，如父母的教育方法。

好远啊……

① 种族假象

人的感觉器官能够误导认知，如天空上的月亮看起来很小（眼睛的错觉）。

通往正确知识之路

第三章 近代哲学

先入为主的观念会阻碍人们获得正确的知识。培根将其称作**"假象"**。他总结出**"种族假象""洞穴假象""市场假象""剧场假象"**这四大假象。简单来说，种族假象指为感觉所左右，洞穴假象指只根据个人经验考虑事物，市场假象指来自社会的偏见和流言，剧场假象指无条件相信权威。培根的这些观点后来为洛克、休谟所继承，推动了英国经验主义进一步发展。

# 人类的智慧本是一张白纸

——洛克

　　洛克是继培根之后又一位具有代表性的英国经验主义哲学家。英国经验主义认为："知识全部基于经验。"而笛卡尔的大陆理性主义认为："人生来即拥有道德观念。"曾为医生的洛克看到婴儿后，对笛卡尔的大陆理性主义产生疑问。他认为，人刚生下来时的智慧就是张白纸，只有经历和体验过，才能将后天获得的知识写在上面。

人类的智慧本是一张白纸，
需要通过经历和体验来添加知识。

# John Locke

约翰·洛克
公元 1632 年—公元 1704 年

【思想】英国经验主义
【地区】英国

## 在旧情人的住所辞世

洛克一生未婚。他从荷兰回国后就一直待在一位女性的住所里。这位女性与洛克的年龄相差 26 岁，此前，两人保持了约十年的甜蜜关系。虽然这次洛克待在她的住所时，她已经与别的男性成婚，但在洛克临终时，她仍给予了照顾。

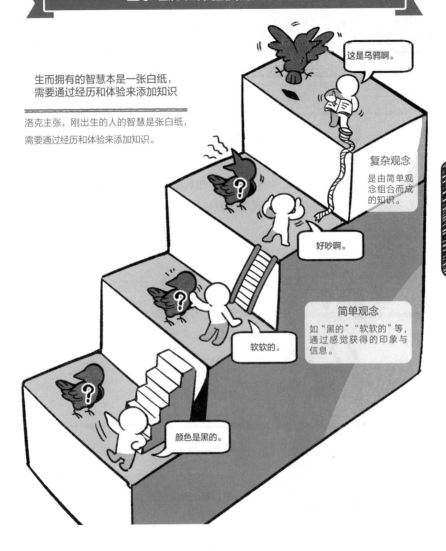

## 基于经历和体验获得知识的过程

**这是乌鸦啊。**

生而拥有的智慧本是一张白纸，
需要通过经历和体验来添加知识

洛克主张，刚出生的人的智慧是张白纸，
需要通过经历和体验来添加知识。

**复杂观念**
是由简单观念组合而成的知识。

**好吵啊。**

**简单观念**
如"黑的""软软的"等，通过感觉获得的印象与信息。

**软软的。**

**颜色是黑的。**

　　洛克将通过经历和体验获得的信息分为两种。一种是**简单观念**，是基于感觉获得的，如"黑的""软软的""喧嚣的"等。另一种是将已获得的简单观念通过思考与组合，得到诸如"这是乌鸦"之类更高级的信息，即**复杂观念**。思考人类如何通过经历和体验来认识事物的**认识论**，经洛克迎来了转折点。

# 存在就是被感知

——贝克莱

与前面提到的洛克一样，贝克莱也是英国经验主义者，但其思考路径与洛克不大相同。洛克认为，"因为物体存在，所以人能够感知（看见、触摸）"。贝克莱则认为，"如果人能够感知，物体就存在"。也就是说，贝克莱认为，**"不是因为存在才看得到，而是因为看得到才存在"**（存在就是被感知）。

万物并不是因为"存在"而可见，
而是因为可见而"得以存在"。

# George Berkeley

乔治·贝克莱
公元 1685 年—公元 1753 年

【思想】英国经验主义

【地区】英格兰

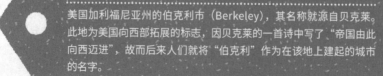

## 以"贝克莱"命名的城市

美国加利福尼亚州的伯克利市（Berkeley），其名称就源自贝克莱。此地为美国向西部拓展的标志，因贝克莱的一首诗中写了"帝国由此向西迈进"，故而后来人们就将"伯克利"作为在该地上建起的城市的名字。

贝克莱在其理论中提到，**任何物体因被感知（看见）而存在于感知者的意识中。**那么，物体在没有被感知（没有被看见）的时候，是不是就不存在了呢？贝克莱认为，**因为"神"一直感知着世界，所以物体可以一直存在。**该理论认为，当两个人同时感知（看见）一个物体时，他们的意识中感知到的不一定是相同的东西。这给当时占主导地位的认识论带来了一定程度的冲击。

# 12

# 人是一束知觉

——休谟

休谟是苏格兰哲学家、历史学家。他独自发展了洛克、贝克莱等人的英国经验主义。此前的贝克莱否定了"没有被感知的物体"的存在，但毫不怀疑"能感知物体的人"的存在。对此，休谟对感知到的"人本身"持怀疑态度。

现在这一瞬间的知觉集合成一束，它就是人类。

# David Hume

大卫·休谟
公元 1711 年—公元 1776 年

【思想】英国经验主义
【地区】苏格兰

## 与卢梭不和

卢梭的猜忌心很重，为巴黎的哲学家所嫌弃。休谟则很敬重卢梭，将他带到英国，还给他安了家，并提供钱财上的帮助。但是，卢梭在英国受到了批判，他为此猜忌休谟。最终两人不欢而散。

**贝克莱的感知**

通过观看(感知),乌鸦存在于观看(感知)的人的意识中。我们看到的人的实体是存在的。

**休谟的感知**

通过观看(感知),乌鸦存在于观看(感知)的人的意识中。但是,观看(感知)的人只是一束知觉,并没有实体。

人只是"不存在的一束知觉"?

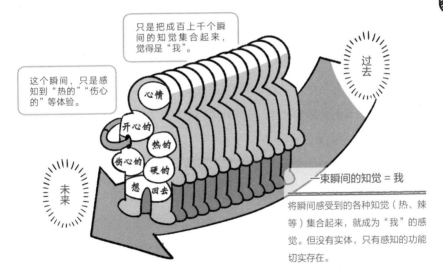

只是把成百上千个瞬间的知觉集合起来,觉得是"我"。

这个瞬间,只是感知到"热的""伤心的"等体验。

心情

开心的

热的

伤心的

硬的

想

回去

过去

未来

**一束瞬间的知觉 = 我**

将瞬间感受到的各种知觉(热、辣等)集合起来,就成为"我"的感觉。但没有实体,只有感知的功能切实存在。

休谟提出**"人是一束知觉"**的理论。在一瞬间,我们会连续有"房间很热""腰很痛""隔壁很吵"之类的感觉(知觉)。对此,休谟指出:**"人类只不过是这些一瞬间的感觉集合成的一束知觉罢了,并不存在'我'这个实体。"**休谟的理论威胁到了时人广泛支持的笛卡尔的理论——"怀疑着一切的我的确是存在的",给哲学界的怀疑主义带来巨大冲击。

# 专栏三

# 哲学家们
# 独特的习惯

很多哲学家都有自己独特的习惯。康德每天过着有规律的生活。据坊间传闻，街上的人都会按照康德散步的时间对表。这是因为康德相信，"性格的核心是行动时所遵照的准则"。顺带一提，据说，康德决定早晨最多吸一袋烟，但他的烟斗一年比一年大。

说起散步，弗洛伊德也常常在午餐过后散步。只是，他的散步毫无悠闲可言。他的儿子回忆起此事时称，弗洛伊德"走路的速度非常快"。

笛卡尔则是悠闲自在型的哲学家。他是典型的长时间睡眠者，常常每天睡到中午。后来受到瑞典女王的传见，他奔赴极寒之地瑞典，并应女王的要求每天早晨五点开始讲课。也许是环境剧变带来了灾难，他调整为这样的生活方式后才一个月就病倒了，并于 10 天后逝世。

总之，我们可以说正是特殊的习惯造就了哲学家。

第四章

# 近现代哲学

在近现代，由于社会结构、宗教观等变化，哲学也有了新的发展。在出现世界性战争的过程中，人们对人与周围世界的理解亦加深了。

近现代哲学家

边沁
公元 1748 年—公元 1832 年

伏尔泰
公元 1694 年—公元 1778 年

卢梭
公元 1712 年—公元 1778 年

康德
公元 1724 年—公元 1804 年

黑格尔
公元 1770 年—公元 1831 年
叔本华
公元 1788 年—公元 1860 年
费希特
公元 1762 年—公元 1814 年

# 近现代，哲学的中心转移到德国，人类的可能性不断扩大

进入近现代，欧洲爆发了市民革命和工业革命，迎来了比文艺复兴时期更动荡的时代。而哲学方面，这一时代以落后的德国为舞台，绽放出了被称为德国唯心主义的思想。

德国唯心主义发端于康德。他将大陆理性主义与英国经验主义进行整合，提出"物自体"的观点，认为人类所能认识的东西是非常有限的。始于康德的德国唯心主义，经由费希特、谢林进一步完善，最终由黑格尔完成。在黑格尔提出的理论中，最著名的当数"辩证法"。

黑格尔认为，辩证法不只用于思考，还可以用于世间的万事万物，是事物发展所不可或缺的东西。他主张，通过运用辩证法，人类可以达到知识中最高阶段的"绝对知识"，而理性是万能的。中世纪初期，宗教与神支配着社会。到了近现代，它们已消失不见，人们充分展现出依靠自己的力量进行开拓的主体性。

☑ 关键词
# 功利主义

英国哲学家边沁认为，应将快乐和幸福等作为行动的理由并加以重视，在立法上，也应该重视能否带来幸福。

☑ 关键词
# 物自体

"物自体"是康德提出的理论之一。康德认为，所有的事物由人的感觉器官进行认识并定义"是什么"，但"被人所认识与定义前的状态"，即事物自身是无法认识的。

☑ 关键词
# 扬弃

"扬弃"指的是解决两个对立矛盾的行为。哲学家将两个对立事物的一方称为"肯定"，另一方称为"否定"，将两者统一起来就是"扬弃"。

☑ 关键词
# 悲观主义

悲观主义又称厌世主义。德国哲学家叔本华认为，只要存在"踩着别人的肩膀往上爬"的意志，人类的争斗就不会停止。叔本华推动了悲观主义的发展。

第四章 近现代哲学

第四章
近现代哲学

01

# 最大多数人的最大幸福

——边沁

边沁是英国哲学家、法学家，虽然取得了律师资格，但没能在法律界有所发展。为了促进法与社会更好地运行，他通过"著述"的方式提出了各种方案。**他使用自己推出的计算公式来计算人的快乐度（幸福度），认为计算后的和值越高，社会就越幸福**。这种计算不区分人的身份差异，属于同等换算，因而它被当作**民主主义的关联思想得到人们的支持**。

让最大多数人实现最大幸福是立法的基础。

## Jeremy Bentham

### 杰里米·边沁
公元 1748 年—公元 1832 年

【思想】功利主义
【地区】英国

### 名校牛津无趣

边沁 12 岁入读牛津大学，但他在自己的著作中严厉地批评道："在牛津大学做学问是不可能的。"他认为，牛津大学相当无趣，在牛津大学学习的这段时间，是他人生中最虚度的时间。

A 国
420

个人的幸福度越高，统计出的整体数值也越高。

K 国
265

国家幸福度
A > K

为了尽可能地让更多的人获得较高的幸福度，有必要完善法律。为此，由很多人参与政治的民主主义是必要的。

只有一部分处在社会上层的人幸福度较高，其他阶层的人幸福度明显较低，所以这样的社会整体幸福度较低。

第四章 近现代哲学

边沁认为，个人追求的是"幸福"，因而立法应该以给尽可能多的人带来最大幸福为标准。这就是**"最大多数人的最大幸福"**原则。行为如果与人的快乐相连就是善，如果与苦痛相连就是恶。这种将善恶的标准建立在行为后果所产生的效用上的思想被称为**功利主义**。

# 任何观念和理论，
# 都有怀疑的余地

——伏尔泰

伏尔泰是 18 世纪法国最具代表性的思想家。在社会思想史上，18 世纪甚至被称为 **"伏尔泰世纪"**。伏尔泰因发表讽刺性文章而入狱，其后来到因光荣革命而实行君主立宪制和政党政治的英国。**看到自由的英国与绝对君主专制下的法国截然不同，伏尔泰受到刺激，回国后出版了批判法国政治与社会的书籍。**

直到现在，
所有的理论和事实都有过修改。
也就是说，不存在确切的东西。

# Voltaire

**伏尔泰**
公元 1694 年—公元 1778 年

【思想】自然神论
【地区】法国

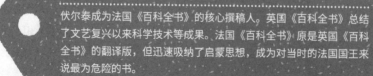

**最为危险的法国《百科全书》**

伏尔泰成为法国《百科全书》的核心撰稿人。英国《百科全书》总结了文艺复兴以来科学技术等成果。法国《百科全书》原是英国《百科全书》的翻译版，但迅速吸纳了启蒙思想，成为对当时的法国国王来说最为危险的书。

你不早点睡觉，圣诞老人是不会来的！！

不要！！！

24

嘘……

好好想想，圣诞老人在进入房间之前，应该不知道我有没有睡着吧？所以，就算我醒着，圣诞老人还是会来的……

第四章

近现代哲学

我们认为理所当然的习惯，
也有怀疑的余地

即使认为理所当然的习惯和理论，也会在某个阶段被修改。为此，对现有的常识也应该试着怀疑一次。

　　对于所有的事物"为何存在及如何存在"的疑问，当时的人们只以教会的解释为依据。为此，伏尔泰提出："历史上的任何事实和理论，都在某个时间点进行了修改。"这句话表明："对于已经成为习惯或既成事实的事物，也应在自己的头脑中留有对其产生怀疑的余地。"这种对权威所施予的习惯也应产生怀疑的思想（自然神论）与他死后爆发的法国大革命之间有着一定的联系。

# 回归自然

——卢梭

　　卢梭是活跃于法国的启蒙思想家、哲学家，也是一位集作曲家、剧作家和诗人等多种身份于一身的人。他认为，没有公权力的自然状态才是人类应有的状态（回归自然）。在他看来，法律和社会契约是强者的逻辑。他主张再次回到人类的原点，寻求大家所拥有的追求公共利益的心，即"公共意志"。

人与生俱来是自由的，但被"支配"这道枷锁束缚。为了恢复本来面貌，人应该回归自然。

# Jean-Jacques Rousseau

*让-雅克·卢梭*
公元 1712 年—公元 1778 年

【思想】社会契约论
【地区】法国

## 有受虐倾向的卢梭

卢梭因为小时候曾被女性责打，所以后来意识到自己是一个有受虐倾向的人。卢梭在著作中写道："对我来说，跪在女性的脚下，祈求饶恕，是无上的快乐。"他的这种诚实的态度，也是他赢得后人尊敬的原因之一。

利用智能手机进行投票，通过了法律修正案，投票率为92%。

新闻快报

全民投票通过法律修正案

普通家庭

孩子们

独身老人

少数人的统治将人束缚在锁链上

卢梭主张不受贵族、君主与教会的统治，倡导由全体市民以民主的方式参与管理。

第四章　近现代哲学

卢梭创作了《社会契约论》。在《社会契约论》中，卢梭认为，人类生存的理想状态是放弃个人的意向，由公众进行充分讨论，并实行直接民主制。卢梭指出，这一理想状态的前提是人的自由，**国家必须以公共意志为基础**。其中"公共意志"的思想对法国大革命产生了巨大的影响。

# 人类具有先验机能

——康德

康德是德国哲学家。大陆理性主义认为，人能通过天赋（与生俱来的感觉、意识）掌握知识；而英国经验主义认为，人的一切知识都是通过后天的经验获得的。康德对这两者进行了调和，并**在此基础上对哲学中的"真理"进行了定义**。他也因此为人所知。**"哥白尼式革命"**指的是现有的感觉和想法发生 180 度转变，它是康德提出来的。

人们的经验不同却得出相同的价值观和结论，是因为接受信息的方式是通用的。

# Immanuel Kant

伊曼努尔·康德
公元 1724 年—公元 1804 年

【思想】批判哲学
【地区】德国

## 思想与性格均沉稳的康德

康德的思想和性格都非常沉稳。他每天凌晨起床；上午在大学授课，回家后就外出散步。据说，康德每天散步都非常守时，以致附近的人都会根据他散步的时间来对表。

我昨天的确把布丁放到了冰箱里……

**所有人的经验都有时间性和空间性**

就"知道布丁的存在"这一经验而言,时间为"昨天",空间为"冰箱里"。因而,人类一定会将"布丁"视为在"某个时间、某个空间"的物品,并有共同的经验接受方法。

　　康德首先对英国经验主义主张的"知识和概念是从经验中产生的"观点提出疑问:"每个人明明都有着不同的经验,为什么会有诸如数学、几何学等可以得出相同结论的学问存在呢?"由此,康德认为:"知识确实是从经验开始获取的,但获取知识的方式中存在'人类共同的方式',它是**先验的(与生俱来的)**。"

☑ 关键词 事物本身

# 人类无法触及事物本身

——康德

## 人类只能看到越过滤镜的事物

**人类的感官只能捕捉到事物的表象**

人类通过眼睛看到的美人，也许只是一个完全不同的存在。因为人类绝对不可能认知这一事物本身。

人类看到的形象

认知的滤镜

事物本身

外星人看到了同样的事物，但不知道它们对此怎么解释。

　　康德认为，如果人类有共同的经验接受方法（如使用滤镜），那么"只有人类这一物种中才有可能存在普遍的真理"。同时他也认为："**人类只能通过人类专用的滤镜认识所有事物（世界）**"。简言之，康德说的是，在经过认知过滤之前，人类绝对无法触及"**事物本身**"。

☑ 关键词 哥白尼式革命

# 人类认识的对象是由认知来定义的

——康德

## 让思考方式 180 度大转变的哥白尼式革命指的是什么?

以前的认知方式（认知跟随对象）

原封不动地认知对象

康德所主张的认知方式（对象依从认知）

事物本身

通过人的认知滤镜

根据人的认知对对象进行再定义

康德的认知方法
与先前有 180 度不同

与先前的"首先存在对象，然后由人来认知"的认知方法不同，康德提出"首先在认知的基础上对对象进行定义，然后才有对象存在"这种完全相反的思考方式（哥白尼式革命）。

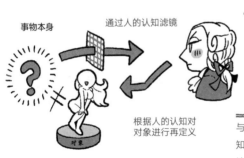

　　康德认为人类无法认知"事物本身"。反言之，这与"所有事物都是由人类的认知来定义"有关。也就是说，即使**"事物本身"原本的形象有何不同，人类都可以根据认知方式对其进行歪曲或予以确定**。康德的这一观点与之前的"先有对象（事物本身），然后认知对象"完全相反，可谓是一场**"哥白尼式革命"**，震惊了哲学界。

# 自我发现自己是谁

——费希特

费希特出生于德国，是德国受到康德极大影响的唯心主义哲学家。他研究的哲学领域为"自我"的运作方式。那么，自我究竟是什么呢？费希特指出，自我指的是行动的主体（原动力），而行动的目的是主张"我的存在"。由此，费希特创造了 **"本原行动"** 这一词语。

自我通过行动来表明自己的存在这一事实。

## Johann Gottlieb Fichte

**约翰·戈特利布·费希特**
公元 1762 年—公元 1814 年

【思想】德国唯心主义
【地区】德国

### 贫穷天才的孩提时代

因为家贫，费希特没能上学。有一天，一位男爵前往费希特所在的村庄，准备听一位著名牧师讲道，但没赶上时间。在村民的推荐下，男爵让费希特代他前去听牧师讲道。费希特听完讲道后，来到男爵面前，凭着自己的记忆力与理解力，再现了牧师的讲道内容。

# 人类通过行为来显示自我的存在

将自我主张的行为与其结果产生的事实相联系，其统一之处叫作"本原行动"。

本原行动指的是"自我展开的行为"与"因该行为而产生的事实"相互联系的统一体。

一种具有同一性的结构。这种结构使**"对称作我的人进行主张的行为"**与**"这一行动的结果所生发出来的事实"**相互联系。好似不继续蹬踏就倒下的自行车，自我只能通过不断地"行为"而存在。费希特主张"人必须遵从自我行动"。这一主张在拿破仑统治下的德国柏林民众中引起了反响，给德国人高举民族主义大旗带来极大影响。

# 所有的现实都是历史的过程

——黑格尔

　　黑格尔出生于德国，是德国以"唯心主义集大成者"而闻名于世的哲学家。德国唯心主义巨擘康德主张"存在人类的普遍真理"，但并没有展示到达这一真理的具体方法。对此，黑格尔提出了辩证法。辩证法指的是，**从多种事物的对立中发现普遍真理的方法**。

人类和社会都在对立和统一
的过程中寻求绝对真理，
这就是人类的历史。

# Georg Hegel

格奥尔格·黑格尔
公元 1770 年—公元 1831 年

【思想】唯心主义
【地区】德国

## 人与人之间薄情吗？

黑格尔有一位同乡好友谢林，两人共同刊印发行哲学杂志，关系一度亲密。在杂志刊行 5 年后，黑格尔的代表作《精神现象学》出版。在该书的序言中，黑格尔写下了侮辱谢林的文字。两人的关系就此破裂。

# 对立和统一的辩证法指的是什么？

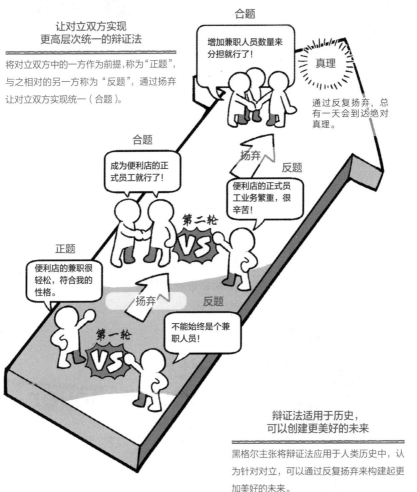

让对立双方实现
更高层次统一的辩证法

将对立双方中的一方作为前提，称为"正题"，
与之相对的另一方称为"反题"，通过扬弃
让对立双方实现统一（合题）。

合题

增加兼职人员数量来
分担就行了！

真理

通过反复扬弃，总
有一天会到达绝对
真理。

合题

成为便利店的正
式员工就行了！

扬弃

反题

便利店的正式员
工业务繁重，很
辛苦！

第二轮

VS

正题

便利店的兼职很
轻松，符合我的
性格。

扬弃

反题

不能始终是个兼
职人员！

第一轮

VS

第四章 近现代哲学

辩证法适用于历史，
可以创建更美好的未来

黑格尔主张将辩证法应用于人类历史中，认
为针对对立，可以通过反复扬弃来构建起更
加美好的未来。

　　简单来说，辩证指的是"将对立的意见进行统一，升华到更高层次的意见"
的方法。首先，有一个作为前提的意见（**正题**），然后存在对这一意见的反对意见
（**反题**）。将这两者进行统一的行为称为**扬弃**，由此得出更高层次的结论称为**合题**。
黑格尔主张将辩证法应用于人类历史中，认为针对对立，可以通过反复扬弃来构建
起更加美好的未来。这一主张获得了人们的支持。

# 人类充满了无法逃避的苦难

——叔本华

叔本华是德国哲学家，是**悲观主义**哲学的代表人物之一。黑格尔从历史中获得真知，而叔本华认为历史的变迁没有任何意义，历史只是由人类想生存下去的盲目的意志引导的，正是这种**盲目的意志催生出了无穷无尽的争端和欲望**。

人类拥有不合逻辑且盲目的意志，
所以过着满是苦恼和不安的生活。

## Arthur Schopenhauer

阿图尔·叔本华
公元 1788 年—公元 1860 年

【思想】生命哲学
【地区】德国

### 仅在柏林大学开过短期讲座

1820 年，叔本华成为柏林大学的讲师。他也开设自己的讲座，并与当时最具人气的黑格尔讲座同时开讲。结果，前来听他讲解的听众最多一次也只有 8 人。心高气傲的他于半年后辞职。这成为他第一次也是最后一次开设的讲座。

什么是悲观主义？

悲观主义认为，只要存在"想让自己更长久地生活下去"这种无法控制的盲目的意志，无论社会变得如何美好，个人的痛苦就无法消失。

第四章 近现代哲学

　　叔本华认为，盲目的意志是一种"即使被人踢落也想活下去"的无止境的冲动。即使人类的知识和技术再怎么发展，社会整体再怎么变化，个人的争端和欲望等带来的痛苦也会永远持续下去。在这种情况下，叔本华认为，只有热衷于文学、音乐等艺术，才能暂时从盲目的意志中逃离出来。这是**"生命哲学"**的开端，后经由尼采得到进一步发展。

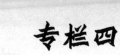

# 专栏四

# 可以在工作中
# 使用辩证法

　　人生当中，无论是在工作还是生活时，都会遇到各种各样的问题。面对两个截然相反的问题，往往无法取舍，比如说，觉得 A 说的和 B 说的都有道理。这个时候，使用黑格尔所提倡的辩证法就很方便了。当两个事物对立时，不舍弃任何一方，而是进行扬弃，让它们发展到更高层次。

　　黑格尔认为，自然和社会等一切问题都可以用辩证法来解决和说明。任何事物都有不好的一面，但它依然存在于这个世界。因而，无论什么问题，都不可能解决不了。

　　虽然从苏格拉底时期起就有了辩证法，但当时辩证法只是被当作一种驳倒对方的手段。这虽然可视为一种乐趣，但现代人依然像黑格尔一样，试图将其作为生产手段来使用。

第五章

# 现代哲学 1

工业革命后，贫富差距迅速拉大，各地战火频仍。由此，人们开始寻求认同新的价值观和多样性、以让生活变得更加美好的哲学。

密尔
公元1806年—公元1873年

克尔凯郭尔
公元1813年—公元1855年

马克思
公元1818年—公元1883年

詹姆斯
公元1842年—公元1910年

尼采
公元1844年—公元1900年

杜威
公元1859年—公元1952年

弗洛伊德
公元1865年—公元1939年

荣格
公元1875年—公元1961年

波伏瓦
公元 1908 年—公元 1986 年

加缪
公元 1913 年—公元 1960 年

梅洛 - 庞蒂
公元 1908 年—公元 1961 年

萨特
公元 1905 年—公元 1980 年

海德格尔
公元 1889 年—公元 1976 年

维特根斯坦
公元 1889 年—公元 1961 年

胡塞尔
公元 1859 年—公元 1938 年

雅斯贝斯
公元 1883 年—公元 1969 年

# 神已死去，无意识被发现，战争影响思想的现代

19 世纪到 20 世纪中叶的现代思想中，出现很多否定近代哲学的动向。工业革命后，信仰的基石发生动摇。尼采预测到虚无主义会蔓延，宣称"神已死去"。近代哲学持续聚焦于"我"的意识及由此到达的真理上。弗洛伊德发现"无意识"则推翻了近代哲学。

存在主义认为，不存在适用于任何人的普遍真理，应该探求每个人各自的真理，并追求遵从个性的生活。这一观点得到克尔凯郭尔、海德格尔、萨特等时代旗手支持。

第一次世界大战和第二次世界大战普遍在哲学家的头脑中留下了阴霾。这是这个时代的一大特征。罗素在第一次世界大战期间因反战而身陷囹圄。他的弟子维特根斯坦参加了这场战争，在前线历经九死一生，经此发现了个人哲学的新境界。胡塞尔作为犹太裔学者受到了迫害。海德格尔因加入并支持纳粹党而在战后受到强烈谴责。萨特也因在战后长期坚持参加反战运动而为世人所知。

☑ 关键词

# 存在主义

存在主义指的是一种立场。它探究的不是自古以来哲学所探究的普遍真理，而是"对自己来说是真理的真理"。克尔凯郭尔等人主张有神论的存在主义，萨特等人则主张无神论的存在主义。

☑ 关键词

# 实用主义

"实用主义"是皮尔士所主张的思想。实用主义认为，事物的概念由其引发的效果来确定，有用即为真理。詹姆斯继承了这一思想，主张实用主义，而杜威则主张工具主义。

☑ 关键词

# 无意识、集体无意识

弗洛伊德发现了无意识。无意识指的是理性无法控制的意识。荣格主张的集体无意识与由个人经验生成的无意识不同，是潜藏在人类心灵深处的共同心理内容。

☑ 关键词

# 悬置

在古希腊语中，"悬置"意为"保留、中止"。在哲学领域，"悬置"意为"避免断定，暂时保留判断"。

第五章

现代哲学1

☑ 关键词 ┃ 自由主义

# 做一个不满足的人胜过
# 做一头满足的猪

——密尔

密尔是英国哲学家。其著作《论自由》对**自由主义**产生了极大的影响。起初，他倾向于通过计算快乐而将幸福量化的边沁的功利主义，但后来他开始主张实质性的功利主义。简言之，边沁重视身体上的快乐这一"量"，而**密尔则重视精神上的快乐这一"质"**。

仅有身体上的满足感，人是不会幸福的。
有知性地活着，感受着自由，
这才是幸福。

# John Stuart Mill

约翰·斯图尔特·密尔
（也译作：约翰·斯图尔特·穆勒）
公元 1806 年—公元 1873 年

【思想】功利主义

【地区】英国

## 21 岁遭遇 "精神危机"

密尔忙于出席讨论会等烦琐的事务。有一次，他突然发现，即使完成了所有的自我改革，也不会感到幸福。无意义感和无力感让密尔感到非常抑郁。后来，他在著作中将这种状况称为"精神危机"。

## 在量上相同的快乐，在质上不一样

同样是到达半山腰，乘车和徒步登山获得的快乐性质是不同的。

到达半山腰啦！（乘车）

半山

半山腰

终、终于……爬到半山腰啦！

　　边沁主张给所有的人增加量上的快乐。但这样一来，满足于"低质量快乐"的人就会增加。**密尔强调教育的重要性，认为需要培养知性和道德观，以获得精神上的高质量快乐。**密尔构想了一套社会制度。它的目标并不是社会整体的快乐，而是个人的快乐。该制度保障**个人追求高质量快乐的自由**。他的构想不仅限于哲学，还包括经济学的范畴，给 20 世纪的英国社会带来了一定的影响。

# 绝望是致死的疾病

——克尔凯郭尔

克尔凯郭尔是丹麦哲学家，被视为存在主义之父。在克尔凯郭尔之前，哲学家探求的是普遍的真理，克尔凯郭尔则探求"对我而言的真理"。他没有去追求为所有人接受的客观真理，而是用"存在"来称呼努力活在当下的状态，用"绝望"来称呼迷失自我的状态。

将自己交于神，
人可以依靠信仰从绝望中解脱出来。

# Søren Kierkegaard

索伦·克尔凯郭尔
公元 1813 年—公元 1855 年

【思想】存在主义
【地区】丹麦

## 因父亲的诅咒而感到绝望

克尔凯郭尔的父亲米迦勒在前妻死后强暴了家中的女佣，并使其怀孕。他还做了很多诸如此类的事。为此，他告诉克尔凯郭尔等人："因为自己的罪过，自己的孩子都会在 34 岁之前死去。"克尔凯郭尔绝望了。事实上，在他的父亲的 7 个孩子中，有 5 个真的在 34 岁之前就去世了。

存在主义探究
针对我的真理

存在主义是一种立场。它认为，必须探究的不是普遍的真理，而是针对我（个人）的真理。

黑格尔主张："为了所有人（多数派）共同的价值，牺牲例外的人（少数派）的价值，是不可避免的。"克尔凯郭尔对此进行了反驳，认为**不拘于普遍价值的"例外的人"自有其活着的价值**。克尔凯郭尔主张的**存在主义**虽然不为时人接受，但其后经由萨特和海德格尔而获得发展。

☑ 关键词　资本论、劳动价值论、资产阶级、无产阶级

# 阶级斗争推动
# 人类社会的发展

——马克思

　　马克思是德国哲学家，他与恩格斯共同创立了科学社会主义与共产主义的理论体系。在《资本论》中，马克思就建立更加合理、美好的未来社会这一宏大主题进行了系统分析。马克思在古典经济学"劳动价值论"的基础上，认为商品的价值是由劳动量和劳动时间决定的，利润的秘密是对工人劳动剩余价值的剥削。

开展社会革命，
建立新的生产关系时代。

## Karl Marx

卡尔 · 马克思

公元 1818 年—公元 1883 年

【思想】共产主义
【地区】德国

### 马克思恩格斯：《共产党宣言》

到目前为止的一切社会的历史（确切地说，这是指有文字记载的历史。……随着这种原始社会的解体，社会开始分裂为各个独特的、终于彼此对立的阶级。——恩格斯注）都是阶级斗争的历史。

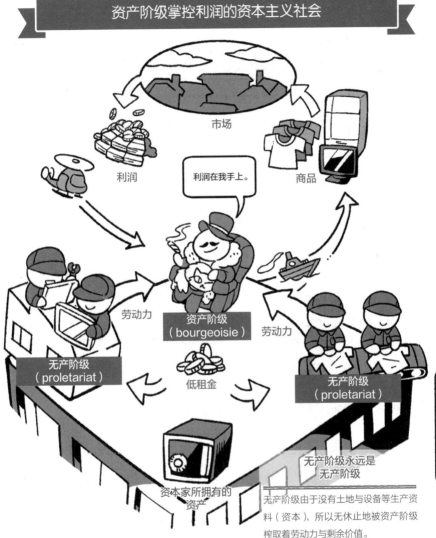

## 资产阶级掌控利润的资本主义社会

市场

利润

利润在我手上。

商品

劳动力

资产阶级
（ bourgeoisie ）

劳动力

无产阶级
（ proletariat ）

低租金

无产阶级
（ proletariat ）

**无产阶级永远是
无产阶级**

无产阶级由于没有土地与设备等生产资料（资本），所以无休止地被资产阶级榨取着劳动力与剩余价值。

资本家所拥有的
资产

第五章

现代哲学 1

在资本主义社会，<u>无产阶级</u>被<u>资产阶级</u>榨取着劳动力与剩余价值，利润在资产阶级那里积累，劳动成了一件令人讨厌的事。劳动力被当作商品，按货币价值来评估。资产阶级与无产阶级的贫富差距不断扩大。为了摆脱这种状况，马克思主张<u>**发动革命，将土地和工厂等生产资料公有化，让生产出来的产品实现共享**</u>。

109

# 神已死去

——尼采

尼采是德国哲学家，受叔本华等人的影响，他创立了自己的思想。其中比较有名的是"神已死去"的宣言。当时的欧洲经历了工业革命，环境污染和劳动环境过于严酷等问题日益突出。随着近代文明的发展，基督教的影响力逐渐减弱。"发展才是一切""相信神"等既有的价值观开始动摇。

在既有价值观崩坏、
信仰缺失的时候，
人必须依靠自己的意志活下去。

# Friedrich Nietzsche

弗里德里希·尼采
公元 1844 年—公元 1900 年

【思想】存在主义

【地区】德国

## 充满谜团的癫狂

尼采晚年居住在意大利都灵。他给几位朋友寄去怪诞的信。在信中，尼采说自己曾是佛教与古希腊神话中的神，写下了"'说我是人类'，这是偏见"这样的话语。他的朋友们收到信后，连忙将他带到了巴塞尔。

# 近代化的结果是，迄今为止的价值观崩溃了

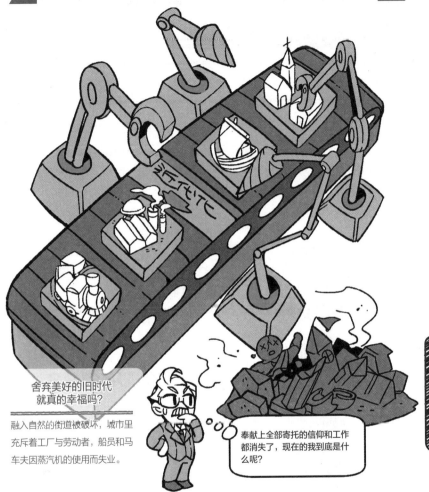

舍弃美好的旧时代
就真的幸福吗？

融入自然的街道被破坏，城市里
充斥着工厂与劳动者，船员和马
车夫因蒸汽机的使用而失业。

奉献上全部寄托的信仰和工作
都消失了，现在的我到底是什
么呢？

第五章

现代哲学 I

　　近代化带来各种问题，基督教的影响力也随着近代化而逐渐减弱。"以前一直认为正确的价值观难道是错误的吗？"对此，尼采坚信不知道该相信什么的**"虚无主义"**时代即将到来。他指出，"神已死去"，**"如果失去依靠（信仰），就应该创建出属于自己的价值"**。

# 所有认定的东西只在它限定的范围内是真理

——詹姆斯

詹姆斯是美国哲学家，在心理学领域也十分活跃，参与创建了美国第一座心理学实验室。他**发展并确立了其友人皮尔士创立的"实用主义"思想**。实用主义指的是**"根据经验的结果判断事物的真理"**的思想，是一种先实践，再根据实践结果做出判断的理论。

> 信仰本身如果可以慰藉人心，就有可能是真理。

# William James

**威廉·詹姆斯**
公元 1842 年—公元 1910 年

【思想】实用主义
【地区】美国

## 基于超常现象的威廉·詹姆斯定律

詹姆斯的兴趣一直延伸到超常现象上。对于超常现象，他曾言："超常现象给愿意相信它的人提供了足以相信的材料，但没有给怀疑它的人提供足以使人相信它存在的证据。"这被称为威廉·詹姆斯定律。

实用主义的思考方式：
结果是好的就行了

佩戴护身符就能在考试中超常发挥，
乍一看很荒唐。但如果考生佩戴护
身符后一直很努力，这种想法就是
真理。

第五章
现代哲学1

摸摸小狗的头后去考
试，应该可以取得不
错的分数吧……

詹姆斯曾说："生活中，有用的知识就是真理。"也就是说，詹姆斯认为："**只要
对本人生活的延续有帮助，它就是正确的。**"比如，"根据占卜结果，这次考试我可
以拿第一名，所以我相信自己在这次考试中能取得不错的成绩。"这种期待通常会让
人觉得是一种错觉。但是如果怀揣这种期待的人一直努力学习，果真在考试中取得
了不错的成绩，那么它就是真理。詹姆斯的**实用主义**思想首先对美国文学产生影响，
后来又对日本哲学等产生广泛的影响。

第五章

现代哲学 1

**06**

☑ 关键词 | 工具主义

# 人只在直面困难的时候
# 才会思考

——杜威

杜威和詹姆斯都持实用主义立场。杜威进一步发展了实用主义，认为人类的知识（思考）不过是为了更好地生活的工具，知识本身没有目的与价值。他的这种主张被称为**工具主义**。

人直面困难的时候，用知识这种工具引导自己向正确的真理前行。

## John Dewey

**约翰·杜威**
公元 1859 年—公元 1952 年

【思想】实用主义
【地区】美国

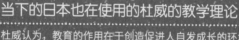

### 当下的日本也在使用的杜威的教学理论

杜威认为，教育的作用在于创造促进人自发成长的环境。他的教学理论提出了"问题解决学习"的学习方法，即自主学习、自己发现问题并解决问题的学习方法。近年来，日本也大力推崇"自主学习"。

114

我想到河对岸去，可是桥坏了……河流较窄处的对岸有岩石……

我也许可以利用折断的木头渡河……

将人的思考与预测视为工具的
工具主义

工具主义是一种思考方式。这种思考方式认为，"怎么办？""这样做试一试？"等思考与推论不过是人为了解决问题所使用的工具。

第五章
现代哲学 1

例如，遇到问题时，人们会有"解决它吧""该怎么做呢？""有 A、B 两种方法""A 方法似乎能够解决问题"等一系列思考与推断的过程，最终得到"A 方法可以解决问题"的结论。这些思考即杜威所主张的为了**产生更好结果的工具**。思考→推断→结论，这一思考方法作为现代"问题解决学习"的方法，在教学领域得到应用。

# 支配人的是无意识

——弗洛伊德

弗洛伊德是奥地利精神病医生，精神分析学派的创始人，也是心理疗法的奠基人。他最大的功绩在于发现了"无意识"。一直以来，在哲学领域人们都认为，人是可以通过理性来控制的。因而弗洛伊德提出，人的行动受到无意识支配，无法用理性来控制。这给哲学界带来了一定程度的冲击。

人类先天的本能和后天的行为规范受到无意识支配。

# Sigmund Freud

**西格蒙得·弗洛伊德**
公元 1865 年—公元 1939 年

【思想】无意识
【地区】奥地利

## 于悲痛中结束生命

第二次世界大战爆发后，弗洛伊德依旧给患者做诊断与研究病情。然而他的爱徒、女儿和亲人相继去世。后来，他被纳粹追捕，在流亡途中不幸患上癌症。临终时，在他的请求下，主治医生给他注射了足以致死剂量的吗啡，他就这样离开人世。

**本我**

选举真辛苦啊，好想输掉它不干了。

**超我**

但这不会给支持我的人添加麻烦吧……

××党 哲学太郎

哲学太郎

我一定会在这场选举中失败！

本来他要说的是"胜利"，但因为他内心想放弃，所以说反了。这种"错误行为"也是一种无意识。

**理性并不是绝对的存在，人类会受到无意识支配**

笛卡尔等过去的哲学家主张，"理性"与"自我"等是切实存在的。但弗洛伊德的"无意识"否定了这种主张。

第五章 现代哲学1

弗洛伊德认为，人格由三个部分组成，即本我、自我和超我。**本我指追逐快乐、逃避不快的原始欲念**。与本我相对的是超我，**超我指的是"不能……"等后天灌输的按照至善原则行事的理念**。自我处在本我与超我之间，指按照现实原则行事的理念。弗洛伊德认为，这三者间的相互作用都是在无意识中进行的，人类是无法操控的。

# 存在所有人都有的无意识

——荣格

　　荣格是瑞士心理学家、精神病医学家。他与弗洛伊德私交甚密，都以发展精神分析学为目标。但后来两人出现理念上的分歧。荣格踏上了"分析心理学"这条独特的道路。他与弗洛伊德发生理念分歧的一大原因是 **"集体无意识"** 的想法。荣格认为，人类每个人的无意识中存在着全人类都有的无意识。

无意识的范围很广。除了存在个人无意识，还存在集体无意识。

## Carl Gustav Jung

卡尔·古斯塔夫·荣格
公元 1875 年—公元 1961 年

【思想】集体无意识
【地区】瑞士

### 受家人的影响，也热衷于研究超自然现象

　　荣格的母亲是灵感很强的人。据说，从荣格幼年起，她就经常突然变换说话方式，就像被什么东西附上身一样。由此，荣格对降灵术、超能力、UFO（不明飞行物）等怀有浓厚的兴趣，也发表过与之相关的论文。

世界上有各式各样的神话与民间故事，其中存在超越民族和集体的共同之处。与东方的曼陀罗类似的纹样在世界其他地方亦存在着。所有古代文明都有象征母性的女神像。由此，荣格找到了所有人心目中共同的形象，将其命名为**"原型"**。荣格的分析心理学研究的是荣格在古代文明和神话中读到的无意识。至今，它仍是心理疗法的一环。

# 为什么确信？

——胡塞尔

胡塞尔是德国哲学家，**现象学**奠基人。我们看到眼前的事物，比如山和海等，就会相信它们是"存在"的。但在现象学中，**哲学家把"存在"的根据指向个人主观上的确信。他们着意于"为什么确信？""确信是从何处产生的？"这些部分**，探索意识的内部。

排除先入为主，
追求意识中出现的事物。

# Edmund Husserl

埃德蒙德·胡塞尔
公元 1859 年—公元 1938 年

【思想】现象学
【地区】奥地利

## 高度专注的小故事

小时候的胡塞尔是一位普通的活泼少年。有一次，他得到一把纪念品小刀。只是刀刃不怎么锋利，他就专心磨砺。磨着磨着，刀刃越来越薄，到最后竟然磨没了。后来，他向弟子们讲述此事时非常伤心。

## 为什么我们确信它是乌鸦?

可怕、凶残!

肮脏!

黑黑的,还很吵。

凭借直觉就可以
确信乌鸦的存在

尽管"黑黑的""可怕"是乌鸦的部
分特征,但人类可以凭借直觉来确信
它存在。

这里有乌鸦!

第五章

现代哲学!

　　胡塞尔暂时保留（悬置）了对对象存在的确信。他研究了观察对象对观察者意识的作用后发现,即使对象不存在了,人类通过感觉产生的直观感受(黑黑的、肮脏等)和预先获得的直观感受(可怕、凶残),也可以确信对象是"存在"的。胡塞尔认为,悬置是追求确信依据的手段,除哲学外,悬置还可以运用到学术和政治上。

121

# 使人作为人能够成为人

——雅斯贝斯

　　雅斯贝斯总结了克尔凯郭尔的存在主义，并将存在主义哲学研究到极致。雅斯贝斯认为，人并不像物那样仅仅是存在着，而是作为主体性生存的"存在"生活于世上；人在直面死亡、战争、灾难等人生逆境时，才能成为真正的自己（真实存在）。他把这种处境称为 边缘状态。

自己一直在成长，
一直在提升。

# Karl Jaspers

**卡尔·雅斯贝斯**
公元 1883 年—公元 1969 年

【思想】存在主义
【地区】德国

## 保护妻子免受纳粹侵害的爱妻者

雅斯贝斯的妻子是犹太人，要被纳粹送往强制收容所。对此，雅斯贝斯进行了反抗，但因此被逐出了大学。在家中，他始终守在妻子身边，防止妻子被收容。最终，美军控制了他们家所在地，妻子也幸免于难。

边缘状态

第五章
现代哲学 1

在边缘状态遭受挫折的人，会遇到同病相怜的人。只是，仅仅这样是不够的。为了提高存在感，雅斯贝斯重视人与人的交往。他认为，**通过与同样处在边缘状态的人相互切磋，进行"爱的战斗"，就能感受到真正的存在**。

第五章

现代哲学1

# 11

# 必须对不可说之事保持沉默

——维特根斯坦

哲学家维特根斯坦出生于奥地利，师从罗素学习逻辑学。第一次世界大战爆发后，作为志愿兵他被派往前线参加战斗。复员后，他创作完成《逻辑哲学论》，认为**"有关哲学与逻辑学，所能做的事都做完了"**，于是归隐山林。其后，他曾当过小学教师和园丁，后来又回到哲学领域，度过了可谓传奇的一生。

语言的界限即世界的界限。
人必须对于语言不可能完成的
命题保持沉默。

# Ludwig
# Wittgenstein

**路德维希·维特根斯坦**
公元 1889 年—公元 1951 年

【思想】语言哲学
【地区】英国

## 因体罚学生而被迫辞职

维特根斯坦在当小学教师的时候，对回答不上问题的学生常常进行体罚。有一次，他敲打一位学生的头时，那名学生当场晕厥过去。他慌忙喊来医生救治。之后，此事被通报给警察，他也主动递交了辞呈。

# 不应该过问无法证明的事

  维特根斯坦的目标是排除从哲学到形而上学等真假不明、毫无意义的语言。为此，他将语言分成两类。一类是**理论上可以确认的"科学语言"**。另一类是**无法确认的"逻辑语言"**。他认为，要将两者进行明确分类，就"必须对不可说之事保持沉默"。

☑ 关键词　此在、在世存在

# 人是能够认识到存在的生物

——海德格尔

海德格尔是德国哲学家。他师从胡塞尔，将研究哲学的主题放在"存在"上，并从胡塞尔的现象学中找到了解决问题的线索。他的追求与胡塞尔审视自我意识的现象学一致。在著作《存在与时间》中，他从存在论解释学的角度把握并详细分析了人类存在的本质。

人意识到世界的存在，
意识到死亡，
是有生命实感的生物。

# Martin
# Heidegger

马丁·海德格尔
公元 1889 年—公元 1976 年

【思想】存在主义

【地区】德国

## 与海德格尔有暧昧关系的女性思想家

在大学担任助教期间，海德格尔遇到了日后研究纳粹主义的思想家汉娜·阿伦特，两人一见钟情。当时海德格尔已有妻子。但两人还是频繁密会，不过一度分离。17 年后，两人再次见面。两人的暧昧关系一直持续到晚年。

与人交谈

读书

照看婴儿

在意时间

人类在与世界产生关系的同时，存在着，并意识到其他存在

人类从出生之日起就通过感觉和意识与世界（他人、工具、时间）产生关系，同时存在着。这种关系被称为"在世存在"。

　　海德格尔认为，**人类等于"此在"**（客观存在）。这意味着人是可以理解"存在"这一概念的存在。**只有"此在"了解了存在的时候，存在才得以实现**。世界是由某种概念的存在构成的。人类总是一边解释这些概念一边生活。海德格尔将这种有关世界与存在的结构称为**"在世存在"**。

第五章

现代哲学 1

**13**

# 存在先于本质

————萨特

　　萨特是法国哲学家、作家，在扩展存在主义方面取得巨大成就。其小说《恶心》在世界范围内掀起热潮。"活在当下"指的就是存在主义。人在懂事的时候就已经存在了。所以，萨特认为，**人的本质是由自己打造的，人必须开拓自己的人生**。

人在意识到的时候就已然存在。
故而，人必须一边活着，
一边认真地打造本质。

# Jean-Paul Sartre

让－保罗·萨特
公元 1905 年—公元 1980 年

【思想】存在主义
【地区】法国

## 以杯为契机对哲学开窍

　　萨特有一位朋友叫作雷蒙·阿隆。高中时的一天，萨特和雷蒙·阿隆一起去酒吧。在酒吧里，雷蒙·阿隆指着杯子说："如果你是现象学家，你就可以就这杯鸡尾酒发表一番见解。要知道，这就是哲学。"萨特被这番话触动了，对哲学渐渐开窍。

# 自由选择也伴随着不安

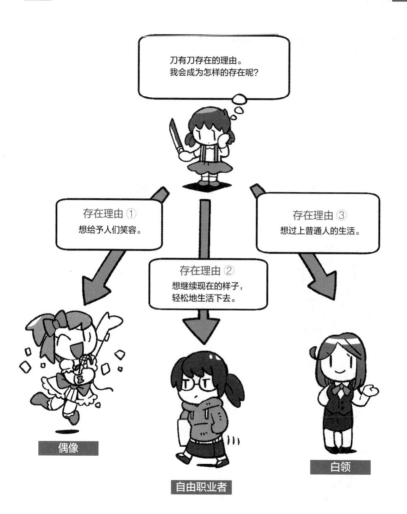

事物一方面有其**存在理由**。比如，刀的存在理由是"切东西"。就这个存在理由而言，刀是不自由的。虽然刀不能成为笔，但**人可以自由地创造存在理由**。另一方面，人在自由创造存在理由的同时，也伴随着责任与不安。萨特将其称作**"人类被处以自由之刑"**。

第五章

现代哲学 1

**14**

# 人并不是生而为女人，
# 而是变成女人的

——波伏瓦

波伏瓦是法国文学家、哲学家。她因对法国女性解放运动的贡献而为人所知。1949 年，波伏瓦创作的《第二性》出版面世。在该书中，她列举了各种各样的实例，论述了"女"性是被置于比"男"性更低劣的前提下被男性纳入庇护范围的，并且被男性压榨。**她试图改变男性主宰的世界，建立一个平等社会，是女权主义的先驱。**

女性气质并不是与生俱来的，
而是由社会强加的。

## Simone de Beauvoir

**西蒙娜·德·波伏瓦**
公元 1908 年—公元 1986 年

【思想】女权主义
【地区】法国

### 与所教的女学生发生同性恋

波伏瓦与萨特签订协议结婚。她认同自由恋爱。但最终，她还是厌倦了沉迷于女人堆中的萨特。她与一位自己的女学生结成同性恋关系。之后，她又将这位女学生引荐给萨特，自己则与这位女学生分手。

第五章

现代哲学 1

说起波伏瓦，她与萨特之间的关系也非常有名。波伏瓦认为萨特"与自己是一样的人，自身很完全"，与萨特签订协议结婚。他们**十分前卫，在维持婚姻关系的同时也保障个人自由恋爱的权利**。而且，无论是在私生活上，还是在反对战争、保障人权等思想活动方面，两人作为合作伙伴，保持了长达 50 多年的关系。

☑ 关键词 | 荒谬

# 人生没有意义

——加缪

加缪是法国小说家、哲学家，因《局外人》《西西弗的神话》等作品闻名于世。其作品中贯穿的主题是**"荒谬"**。加缪以**清晰的理性面对世界，将遇到的不合理性称为"荒谬"**，将不逃避荒谬的态度称为"反抗"。虽然这种思想与存在主义多有重合之处，但加缪否定其为存在主义。

人生没有意义。
人们只是希望自己的人生
是有意义的。

# Albert Camus

阿尔贝·加缪
公元 1913 年—公元 1960 年

【思想】存在主义
【地区】法国

获得诺贝尔文学奖后给恩师写信

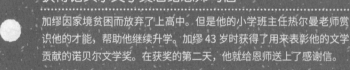

加缪因家境贫困而放弃了上高中。但是他的小学班主任热尔曼老师赏识他的才能，帮助他继续升学。加缪 43 岁时获得了用来表彰他的文学贡献的诺贝尔文学奖。在获奖的第二天，他就给恩师送上了感谢信。

## 人生不过是对荒谬的重复

加缪认为，人的一生是**无意义和荒谬行为的重复**。谁都想在自己的人生中寻找某种意义，但世界并不会对此做出响应。这就是荒谬，是人生的矛盾。加缪认为，**只要接受这些人生的矛盾，就能活得更轻松**。对于因第二次世界大战而疲惫不堪的年轻人来说，加缪具有超凡的魅力。

☑ 关键词 | 肉

# 身体是连接世界的接口

——梅洛－庞蒂

梅洛－庞蒂是与萨特齐名的法国著名哲学家。他曾经与萨特一道发行《近代》杂志，积极发表政治言论。后来，两人因对马克思主义的见解出现分歧而决裂。**梅洛－庞蒂受到胡塞尔现象学的影响，以"身体"及其知觉为主题，形成了自己的现象学构想。**

我与别人握手时，
我在触碰别人
同时也被别人触碰。

# Maurice
# Merleau-Ponty

莫里斯·梅洛－庞蒂

公元 1908 年—公元 1961 年

【思想】现象学

【地区】法国

## 失去订婚对象的悲伤过去

梅洛－庞蒂在学生时代认识了一位名叫莎莎的女性。他们相处到谈婚论嫁的时候，莎莎从自己的父亲那里得知，梅洛－庞蒂事实上并不是海军军官的儿子，而是一位大学男教授的儿子。随之，他们的婚事化为泡影。后来，莎莎因休克而病死。

梅洛－庞蒂认为，身体的体验既不是意识也不是物质，而是**"具有双重意义的存在方式"**。人通过身体来观察、触碰事物，身体是自己与世界的接口。梅洛－庞蒂**将作为接口的接点称为"肉"**。身体在触碰他人的同时，也被他人触碰着。眼睛在注视着什么的时候，也在被所看到的东西注视着。

# 专栏五

# 商务场合也是必需的——
# 哲学在欧美受到重视有原因

在日本，哲学是在逻辑学等课程中被学生简单地学习的。而在欧美，哲学常常被视作商务人士理所当然应该具备的修养。在法国，学生很小就开始讨论哲学问题，到了高中，哲学是一门必修课。在美国，在日常生活中，经常可以看到人们使用哲学的场景。一些哲学家的名字和哲学术语常常被引用。随着全球化浪潮席卷而来，修养的重要性也逐渐深入人心，日本也开始形成这样的潮流。

例如，黑格尔的"辩证法"常常被用于商业谈判和解决问题上；马基雅弗利的《君主论》则常常被用作领导力的例子；面对困难的时候，人们常常提到尼采的"永恒轮回"；提倡自由恋爱时，人们常常提及萨特与波伏瓦的"肥皂剧"……且慢，这也许和生意没有什么联系。

第六章

# 现代哲学 2

随着科技发展，现代社
会发生了重大变革。主
流哲学以"后结构主义"
为开端，将多样化的价
值观体系化、语言化。

现代哲学家 2

福柯
公元 1926 年—公元 1984 年

德勒兹
公元 1925 年—公元 1995 年

德里达
公元 1930 年—公元 2004 年

哈贝马斯
生于公元 1929 年

梅亚苏
生于公元 1967 年

奈格里
生于公元 1933 年

桑德尔
生于公元 1953 年

# 为应对多样化的价值观
# 而不断前行的西方哲学

20 世纪，大规模战争席卷全球。由于这种战乱，针对西方哲学，迫切需要建立新的价值和伦理体系，由此开始了自己独特的发展。

到了 20 世纪 60 年代，人的价值观越来越多样化，视野越来越开阔，出现了汲取其他领域学术成果的结构主义。接着，后结构主义也登上舞台。后结构主义在批判结构主义体系的同时也发展了结构主义。后结构主义的代表人物有福柯、德里达、德勒兹等。福柯提出了"生之权力"论，德里达对整个西方哲学进行了重新探讨，德勒兹将数学的概念运用到哲学上。

20 世纪 80 年代以降，随着东西方冷战格局终结，世界范围内还是出现了区域性战争、全球化引发的各国文化冲突、互联网普及、艾滋病的世界性流行，等等。以此为背景，提倡全球化的奈格里、提出"沟通行为理论"的哈贝马斯、主张"社群主义"的桑德尔等学者都试图将多样化世界的价值观语言化。

其后，伴随着这些思想和学术的发展，"思辨实在论"的代表学者梅亚苏等人提出了"后结构主义后的结构主义"。西方哲学继续前行。

☑ 关键词

# 后结构主义

后结构主义是对 20 世纪六七十年代诞生于法国的各种哲学思想的总称。结构主义利用结构概念对社会与文化进行分析。后结构主义则立足于结构主义，试图形成超越结构主义的思考框架。

☑ 关键词

# 根茎

德勒兹和伽塔利对比了展示旧有社会秩序的阶层树，力图使用交织成网状的根茎形象来解释现代思想和文化的状态。

☑ 关键词

# 社群主义

社群主义指的是重视社群所拥有的美德的思想与主张，也译作"共同体主义"。自由主义主张"只要不伤害他人就是个人自由"。社群主义则与自由主义部分对立，引发了"自由主义与社群主义的辩论"甚嚣尘上。

☑ 关键词

# 社群

社群指的是人们就共同关心的话题进行交流的空间（如 18 世纪的欧洲流行的咖啡屋、文艺沙龙等）。哈贝马斯指出，社群曾是法国大革命的导火索，但到了现代，它正在逐渐衰退。

第六章
现代哲学2

# 人只有服从权力
# 才能成为主体

——福柯

法国哲学家福柯被称为**后结构主义者**。结构主义通过提取所有现象的结构来对其进行理解与控制。福柯则批判地继承了结构主义，从多个角度对近代重新进行探讨。他对照历史分析现代日常生活中的不协调和矛盾之处，思考权力的存在方式。他批判近代对人的管理存在着牢固的权力控制。

> 近代社会的主体不是自由意志，
> 而是由权力赋予地位
> 才成为主体。

# Michel
# Foucault

米歇尔 · 福柯

公元 1926 年—公元 1984 年

【思想】知识考古学

【地区】法国

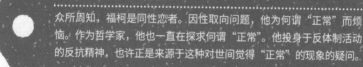

### 同性恋者与社会活动家

众所周知，福柯是同性恋者。因性取向问题，他为何谓"正常"而烦恼。作为哲学家，他也一直在探求何谓"正常"。他投身于反体制活动的反抗精神，也许正是来源于这种对世间觉得"正常"的现象的疑问。

## 权力的存在方式是从人的外部转移到内部的

死之权力

逆我者死！

死之权力在本人的外部。

一方面，生之权力在自己的内部。连本人也没有意识到自己被权力束缚着。

不要迟到！

认真工作！

生之权力

人们相互监视的"全景监狱"
指的是什么？

福柯通过设计"全景监狱"模型，来比拟人们在学校、公司、街头巷尾等人之所至的场所中相互监视的情形。福柯认为，人们通过相互监视，在无意识中顺从着社会规则。

第六章

现代哲学2

　　学校有课程表，职场有作息表。近代以前，对权力的反抗往往和"死"联系在一起。而在现代，如果人不遵循时间的规程，就无法生活。**现代人在不知不觉中受到时间和制度等各种各样的规则束缚。福柯将其与近代之前"死之权力"相对比，称之为"生之权力"。**福柯以监狱作比，把用"生之权力"将人束缚起来的现代社会比作"全景监狱"。

# 人都是媒介人与翻译人

——德里达

　　哲学家德里达以颠覆现代流行的**"二元对立"**为前提，提出了**"解构"**这一概念。二元对立是指"男与女""光与影"等对立的双方。德里达的目标是解构"说者与听者""作者与读者"等**"语言中的二元对立"**。

说者与听者之间，

既然产生了意义的延迟，

就不可能抵达真相。

# Jacques Derrida

**雅克·德里达**

公元 1930 年—公元 2004 年

【思想】解构主义

【地区】法国

### 梦想成为足球运动员的哲学家

德里达出生于阿尔及利亚，父母都是犹太人。当时，阿尔及利亚还是法国的殖民地。或许正是因为德里达属于少数族裔，所以在他身上孕育了对传统思想的批判精神。顺便提一下，德里达年轻时的梦想是成为足球运动员。

这部动漫真神奇。
（指的是制作）

说的是女主人公真
神奇吧，确实……

说的是内部设定真
神奇吧，确实……

说的是世界观真神
奇吧，确实……

说的是机械设计真
神奇吧，确实……

说者的意图通过语言传达给听
者。既然意图的传达要通过语
言，传达原本的意图就是一件
不可能的事。

第六章
现代哲学 2

说者为表达"意图 A"而讲话，而听者意图理解他的意图。对听者来说，真相
就是"意图 A"。但是，后来的听者要确认听到的话是不是真相，只能通过先听者的
语言来解读。于是，产生了新的"意图 B"。意图 A、B、C……就这样无限地扩展，
后听者不可能得到最初的真相。也就是说，**无论多么想抵达真相，从前提出发也是
不可能的**。德里达的"解构"揭示的就是这一点。

☑ 关键词 ｜ 树状结构、根茎结构

# 世界不断进行着
# 差异化生成

——德勒兹

德勒兹是法国后结构主义哲学家的代表人物。他将数学概念运用到哲学上，创造出新的概念，在否定西方哲学的基本原则的同时探索自由的可能性。他反对西方形而上学是由绝对唯一的起源所产生的树状结构这一观点。与之相对，他认为西方形而上学是根茎结构，其特点是一以贯之的差异化生成。

世界是一枚卵，
破壳而出的可以是任何事物，
这种生成一直在进行。

# Gilles
# Deleuze

吉尔·德勒兹
公元 1925 年—公元 1995 年

【思想】后结构主义
【地区】法国

### 非游牧民的德勒兹

在与精神病医生菲利克斯·伽塔利合著的作品中，德勒兹提出"游牧论"，提倡恢复游牧民般的生活。但是德勒兹本人一生几乎没有离开过故乡巴黎。

# 打破序列化和体系化，实现根茎化

体系化的树状结构

像树一样，基于一个秩序而毫无矛盾的统一结构。

对不起，本店是树状结构，没有便宜的东西。

有菜粥吗？

没有秩序的多样性根茎结构

它用根茎进行表现，不存在秩序或者序列。这一结构原封不动地接受了差异。

本店是根茎结构，连B级美食都有！

根茎结构！这都有啊。

　　西方哲学的树状结构指的是，将很多东西用同一价值观进行体系化的思想结构。比如，黑格尔的辩证法就是树状结构。在树状结构中，不符合价值观的东西会被排除在外。根茎结构指的是，**使各种各样的事物并行存在，不进行任何体系化和序列化的结构**。根茎结构没有将事物进行归纳总结的价值观，所以它**是一种原封不动地接受各种事物差异的思想结构**。

147

第六章
现代哲学 2

## 04

☑ 关键词 | 沟通行为理论、审议民主

# 理性位于交往的核心

——哈贝马斯

　　哈贝马斯是德国社会学家、哲学家，被称为公共领域理论与交往行为理论第一人。他认为，在现代社会生活中，**与他人和社会相互交往的时间和空间——社群已经衰退，但人们可以通过追求相互了解的交往行为来进行更为民主的社会表达和交流**。哈贝马斯提出了新的社会理论，奠定了现代公共哲学的基础。

所谓理性，指的是放弃自己的主体性地位的认知能力。

## Jürgen Habermas

**尤尔根·哈贝马斯**
生于公元 1929 年

【思想】沟通行为
【地区】德国

### 访日时的演讲

2004 年，哈贝马斯因获得京都奖而来到日本。他发表演讲："知识分子应该提出建设性议案，在认为可以对改善状况做出贡献时进行建言。知识分子不应玩世不恭。"正如哈贝马斯给人的印象一样，这番话也充满着正直感。

148

# 用理性达成协议

所谓交往理性行为指的是，在具备相互可以理解的语言能力和行为能力的主体之间寻求达成共识的活动。哈贝马斯认为，这时需要的不是说服他人而追求利益的"工具理性"，而是**尊重对方的"交往理性"**。他将这种对话称为"商谈"，主张确立以此为基础的民主主义、审议民主体制。

# 主权渐渐采用了新的形式

——奈格里

安东尼奥·奈格里是意大利哲学家、政治活动家、马克思主义思想家。**他与哲学家迈克尔·哈特合著的《帝国》一书**，为全球化注入了一剂强心针。20 世纪 80 年代东西方冷战结束以后，人们认为美国日趋膨胀，业已帝国化。而奈格里所说的"帝国"指的是**超越国家制度和跨国企业所形成的网络状权力。**

所谓"帝国"，指的是去中心化、去领土状态的统治机器，包含融入全球化的整个领域。

# Antonio Negri

安东尼奥·奈格里
生于公元 1933 年

【思想】马克思主义
【地区】意大利

## 被宣告有罪的激进派

1979 年，奈格里被认为主导了红色旅绑架和暗杀前总理阿尔多·莫罗等恐怖活动而被逮捕和起诉。最终，奈格里被否决与此事件有关，但他依旧因此前激进的言论和活动的巨大影响力而被判有罪。

企业与政府通过网络来控制民众，民众可以通过网络来对抗。

跨国公司
媒体
帝国
自治体
联合国
国际组织
国内企业
政府
低工资与长时间劳动
抵抗
思想控制
言论压制
反对
工薪阶层
抵抗
记者
社会活动家
学生
音乐家
学生
家庭主妇
民众

　　支配世界的"帝国"不是国家，可以说它存在于无形，也可以说它处处存在。对抗"帝国"的不是马克思主义中的无产阶级，而是**"民众"（群体）。民众同帝国一样，是网络上的人们连接起来的集合体**。奈格里试图从马克思主义的立场来理解现代全球化社会。

# 个人的判断与社群相互联系

——桑德尔

美国哲学家、伦理学家迈克尔·桑德尔是社群主义的代表人物。他的作品《正义，怎样做才正确？》为很多人知晓，在日本也备受欢迎。社群主义是一种重视社群价值的政治思想，**主张在自由民主主义的框架内重视社群的价值，并以美国为中心发展起来。**

在价值观多样化的现代社会，
人们必须重视成长过程中
人的社群价值观。

# Michael Sandel

迈克尔·桑德尔
生于公元 1953 年

【思想】社群主义
【地区】美国

## 放弃哈佛大学原则的公开课

"哈佛公开课"是一档在日本也颇有人气的电视节目。事实上，哈佛大学以"不公开授课"为原则。桑德尔的哲学课十分有趣，现场一度座无虚席。为此，哈佛大学决定放弃这一原则，将他的哲学课向公众开放。

在混乱中不偷盗。

商店不趁机涨价。

不囤积水和实物。

即使本身很困难，也相互帮助。

即使是在非常时期，也遵守规则。

个人是由社群的价值观培养起来的。脱离社群的个人判断是不可行的。

第六章 现代哲学2

桑德尔认为，人无法离开社群，应该从人的多样之善中引导出"正义"。他注重将社群成员达成共识的普遍价值——"共同利益"形成规范。他指出，要意识到当地社群共同利益在今后实现理想的支配中变得越来越重要。他认为，此时人们拥有共同利益，有了这个前提，"无拘无束的自我"是行不通的。

第六章
现代哲学 2

# 07 相关主义是不诚实的战略

——梅亚苏

　　"思辨实在论"是**"后结构主义"**之后的现代思想，被视作**"后结构主义后的结构主义"**。其代表人物是法国哲学家梅亚苏。康德的哲学极大地影响了认识论。梅亚苏以康德哲学为基础，认为其后的**西方哲学被"相关主义"**，即人类中心主义所支配。

不存在因果必然性。
同样的原因可能
导致 100 件不同的事发生。

# Quentin Meillassoux

甘丹·梅亚苏
生于公元 1967 年

【思想】思辨实在论
【地区】法国

## 当今最火的哲学家

后结构主义于 20 世纪六七十年代在法国诞生。20 世纪 80 年代，浅田彰等人使其在日本风靡一时。当时，后结构主义的中心人物是福柯、德勒兹和德里达。梅亚苏后来居上，成为当今非常引人瞩目的哲学家之一。

相关主义

祖先诞生前的世界

迄今为止,哲学是相关主义,它只研究人类所认知的世界。

那么……

在人类认识存在之前的世界是怎样的呢?这样的世界应该是所有事情都超混沌的世界。

**相关主义指的是什么?**

世界依赖于人类认识而存在。人类无法到达超越人类认识的世界。相关主义认为世界与认识是相关(彼此都有关联)的。

第六章
现代哲学2

为了突破"相关主义"的网,梅亚苏认为,**世界是"一切皆有可能"的"超混沌"体**,一切自然法则都是"偶然"的,不存在因果必然性,无法排除自然法则在下一个瞬间毫无理由地让人变成"完全不同的事物"的可能性。于是他提出了"偶然之必然性"。梅亚苏开拓的这一领域被称为"思辨轮回",它正在发展成一股潮流。

# 专栏六

# 意识不存在吗？
# 哲学僵尸指的是什么？

假设面前有一只苹果，而你不是超能力者，那么，就算你脑中如何想让这只苹果"滚动起来"，它也不会滚动。物理法则不以人的意志为转移，这一点谁都能接受。

意识可以被视作大脑的附属物。大脑的机能稍受损害，就会影响人的言行举止。这就是最好的证明。

如果把大脑视作物理性的东西，它就不应该受到意识影响。也就是说，虽然自己通过意识不认为"这是苹果"，但能认识苹果。由此我们就可以得出这样的结论：即使没有意识，人也能正常生活，说不定根本就不需要意识。

这是澳大利亚哲学家大卫·约翰·查尔默斯提出的"哲学僵尸"思想实验。说不定你现在接触的人，有可能也是不具有意识的哲学僵尸。

第二编

# 东方
# 哲学

# 第七章

# 东方哲学

早在公元前，中国就产
生了一系列思想。这些
思想虽与古印度产生的
佛教相对立，但仍对其
做出了各种各样的解释。
日本的哲学后来吸纳了
西方的哲学理论。

東方哲学家

乔答摩·悉达多
公元前 565 年—公元前 486 年
一说公元前 624 年—公元前 544 年
（又说公元前 623 年—公元前 543 年）

孟子
约公元前 372 年—公元前 289 年

孔子
公元前 551 年—公元前 479 年

老子
约公元前 571 年—公元前 471 年

荀子
约公元前 313 年—公元前 238 年

和辻哲郎
公元 1889 年—公元 1960 年

西田几多郎
公元 1870 年—公元 1945 年

九鬼周造
公元 1888 年—公元 1941 年

# 治国哲学
# 进入日本后独自发展

在古代，中国是东方文明的中心。从公元前 6 世纪开始，孔子、孟子和荀子确立的儒学，以老子为始祖的道教，孙子的兵法，韩非子的法家思想等各种思想相继登场。它们不仅是让人生活下去的精神方法论，也是为群雄割据的诸侯国维持着封建国体的伦理体系。

在同一时期的印度，与婆罗门教的统治原理相对，产生了包括佛教在内的思想或宗教。佛教传播到了中国。因其思想体系与儒学等思想体系对立，结果出现了程朱理学。如此，在各种思想混杂之中人们对佛教产生了诸多解读，进而在各地形成体系。

日本也是如此。明治维新后，日本引入欧美哲学，并尝试将东方思想、宗教以西方哲学的方式系统化。西田几多郎将佛教思想与西方哲学相互融合，九鬼周造试图用西方哲学来观察日本，和辻哲郎试图摆脱近代个人主义人生观，等等。他们都试图引导近代日本哲学。

# 需要提前了解的哲学术语

☑ 关键词

# 佛陀（Buddha）

"佛陀"在梵语中意为"觉悟者"，在中国音译为"浮屠"。这个词在从中国传到日本的过程中，被加上了"け"的发音。所以，日本人称"佛陀"为"ほとけ"（佛）。

☑ 关键词

# 墨家

"墨家"指的是奉行墨子学说的思想家群体（学派）。它是诸子百家（中国春秋战国时期出现的诸多思想家与学派）之一。墨家否定儒家所推崇的礼、乐，主张无差别的爱与相互扶助、勤俭节约等。

☑ 关键词

# 德

儒家主要将"仁、义、礼、智、信"这五德（也称为五伦、五常）统称为德。顺带一提，柏拉图所讲的是"贤明、刚毅、节制、正义"这四德。

☑ 关键词

# 禅

"禅"是梵语，意为"安静地思考"。它是自古印度以来所推行的修行方法，在中国作为禅宗得到了发展。铃木大拙是佛教学者。他因将日本禅文化介绍到海外而闻名于世。他亦与西田几多郎私交甚密。

第七章
东方哲学

# 无欲无苦

——乔答摩·悉达多

乔答摩·悉达多出生于公元前 5 世纪前后的古印度北部，是佛教的创始人，被佛教徒尊称为释迦牟尼。他也是哲人，认为宇宙之我与个人之我本质上是一致的。他继承了古印度传统的乌帕尼沙德哲学，并用哲学推理来对抗主流信仰婆罗门教。**他在苦修与冥想之后顿悟，渐渐被称为"佛陀"。他创建了作为跨越人生痛苦的佛教的终极修行之所。**

人生之苦，源于自己对变化无常的世界的烦恼。

# Gotama Siddhattha

**乔答摩·悉达多**
**公元前 565 年—公元前 486 年**
一说公元前 624 年—公元前 544 年
（又说公元前 623 年—公元前 543 年）

【思想】佛教

【地区】古印度

## 厌女的原因是酒池肉林吗？

佛陀对女性出家示以难色，他的厌女倾向是出了名的。事实上，佛陀是王族出身，出家前生活在聚集了全国美女的后宫。据说，他由此见到了女性之间争斗的丑态，对俗世产生了厌倦。

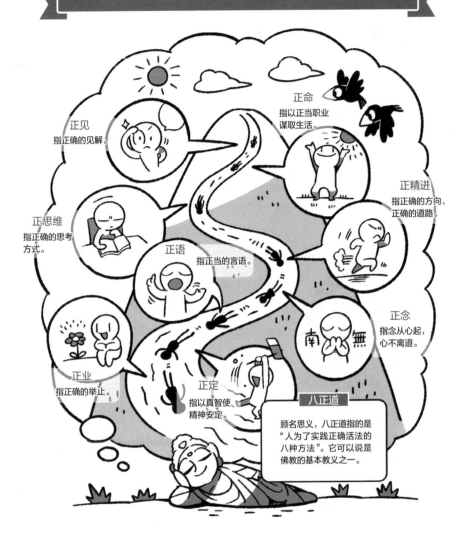

# 到达涅槃寂静的八个步骤

正命
指以正当职业谋取生活。

正见
指正确的见解。

正精进
指正确的方向、正确的道路。

正思维
指正确的思考方式。

正语
指正当的言语。

正念
指念从心起，心不离道。

正业
指正确的举止。

正定
指以真智使精神安定。

**八正道**

顾名思义，八正道指的是"人为了实践正确活法的八种方法"。它可以说是佛教的基本教义之一。

**四法印**是佛教的根本教义之一。它指的是**"诸漏皆苦""诸行无常""诸法无我""涅槃寂静"**这四个概念。诸漏皆苦指的是无法满足欲望而感到一切皆苦。诸行无常指的是世界万物流转变化。诸法无我指的是实际上没有自我。涅槃寂静指的是理解上述概念，消除烦恼，到达安乐的境地。为了付诸实践，佛祖提出了"八正道"，即**正见、正思维、正业、正命、正语、正精进、正念、正定**这八种修行方法。

第七章 东方哲学

**02**

# 德不孤，必有邻

——孔子

孔子是春秋时期的思想家、哲学家，是儒家学派的创始人。西周末期，周王朝的统治秩序土崩瓦解。孔子早年为吏，所以他以恢复周王朝初年的政治为理想，主张实行仁政。到了战国时期，儒家学派的弟子们整理了孔子的语录，它就是《论语》。众所周知，《论语》对日本文化也产生了深远的影响。

德不孤，必有邻。
将人们联结起来的重要之物是爱与礼。

## Kongzi

**孔子**
公元前 551 年—公元前 479 年

【思想】儒家
【地区】中国

### 孔子奇特的外貌

据《史记》记载，孔子身材异常伟岸，身长九尺六寸（约两米），被人们称为"长人"。另外，孔子名曰"丘"，据说是因为他的头上部异常发达，头顶凹陷，似扁平的小丘。

孝
指的是爱父母之心。

悌 指的是尊敬兄长之心。

恕
指的是以仁爱之心对待事物。

忠
指的是不欺瞒自己之心。

信 指的是不欺瞒他人之心。

仁
指的是爱人之心。

礼

孔子在重视仁的同时也同样重视礼。孔子认为,个人之心因礼的实践而守仁。

　　儒家学说的目的是"实现基于仁和礼的理想社会"。仁是以亲人之间的爱为出发点,再扩展到"爱他人"。礼是社会规范。孔子认为,在各种各样的场合施以仁,礼就会实现,道德就会保持。仁还是重视良心的"忠"和体谅他人的"恕"。孔子说,只要心中有了这些美德,人就会行善。

☑ 关键词 老庄思想、道、自然无为

# 道可道，非常道

——老子

老子是活跃于春秋战国时期的哲学家，道家学派的创始人，后来被尊为道教的鼻祖。有关老子的最早记载出现在历史学家司马迁的《史记》中。老子是一个谜团甚多的人物，他和继承老子思想的庄子所追求的是**清静无为、顺应天道等思想，即"老庄思想"**。

道可道，非常道。
名可名，非常名。

## Laozi

### 老子
约公元前 571 年—公元前 471 年

【思想】道家
【地区】中国

## 老子是怎样的一个人？

关于老子，有很多特别的逸事，如给孔子指点迷津，为释迦传道等。关于《老子》一书的作者，在《史记》中除了公认的"老聃"外，还有"老莱子"等其他人物。

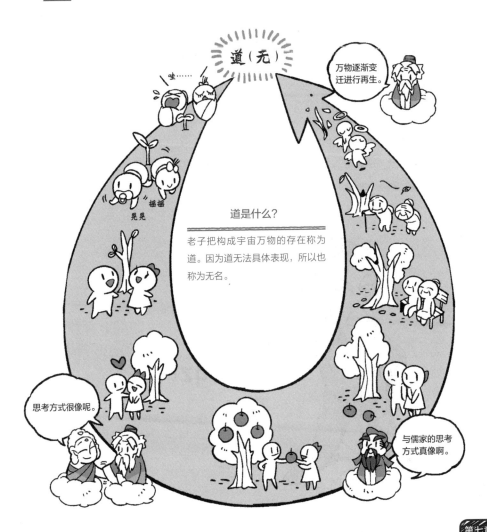

道（无）

生……

摇摇

晃晃

万物逐渐变迁进行再生。

道是什么？

老子把构成宇宙万物的存在称为道。因为道无法具体表现，所以也称为无名。

思考方式很像呢。

与儒家的思考方式真像啊。

第七章
东方哲学

老子主张，**人要遵从宇宙的原理（道）而非人所创设的规范进行生活，即"自然无为"**。道是一种混沌未分的初始状态，是万物的根源，是自然本身。道是完美的，人只要停止根据自己的情况进行价值判断，顺其自然地行事，就会一切顺利。这是一种**与儒家思想相反的思想**。

# 民为贵

——孟子

孟子是战国时期儒家学派的代表人物。他受业于孔子之孙子思，是孔子的后继者中最为重要的人物。墨家的告子认为"人性之无分于善不善也"。与之相反，**孟子主张"性善论"，认为"人性之善也，犹水之就下也"**。孟子提倡基于**仁义的王道政治**，而非基于武力与策略的统治。

民为贵，社稷次之，君为轻。
王以仁义治天下。

# Mengzi

**孟子**
约公元前 372 年—公元前 289 年

【思想】儒家
【地区】中国

## 诸侯的老师

孟子四处向诸侯游说王道政治，名声很高，还从诸侯那里获得了"老师"的待遇。据说，孟子在 40 岁以后，常常与数百名随从乘坐数十辆车周游列国。

# 提出"性善论"的孟子的教诲

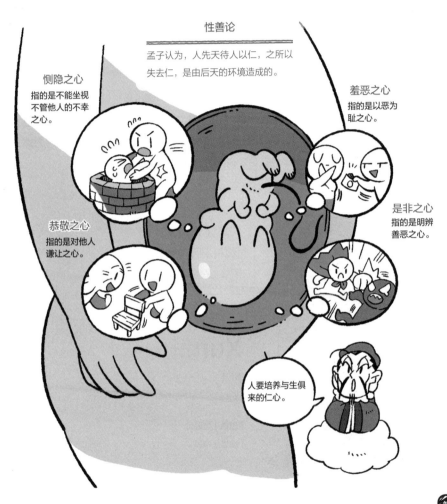

性善论

孟子认为，人先天待人以仁，之所以失去仁，是由后天的环境造成的。

**恻隐之心**
指的是不能坐视不管他人的不幸之心。

**羞恶之心**
指的是以恶为耻之心。

**是非之心**
指的是明辨善恶之心。

**恭敬之心**
指的是对他人谦让之心。

人要培养与生俱来的仁心。

性善论明确易解，认为任何人都会去救掉到井里的孩子，所以人天生为善，即拥有仁心。此外，孟子发展了**孔子的"仁"**，**提出了"爱"**与**"正义"之心**，即**"仁义"**。性善论认为，人有体谅他人的**"恻隐之心"**、以恶为耻的**"羞恶之心"**、对他人谦让的**"恭敬之心"**和明辨善恶的**"是非之心"**，它们不断增长就成为"德"。

☑ 关键词 | 性恶论

# 人性本恶

——荀子

　　荀子是战国末期思想家，是与孟子齐名的儒家学派的重要继承者。孔子主张仁，其表现形式为礼——行为举止与礼仪规范。荀子完善了礼，并且指出，**君子必须学习的是礼，而非当时人们信奉的"神秘的仪礼"**。此外，荀子还**推崇人在自然面前的主观能动性**，他的"性恶论"也闻名于世。

人之性恶，
必将待师法然后正，
得礼义然后治。

# Xunzi

荀子
约公元前 313 年—公元前 238 年

【思想】性恶论
【地区】中国

## 《荀子》同样重要

荀子的性恶论虽然闻名于世，但中国思想界尤信奉性善论。《荀子》是荀子及其弟子记录他人言行的哲学著作。日本金泽文库中藏有 1 册其复刻本。

### 性恶论

荀子的性恶论认为，人性本恶，如果放任不管，就会走上追求私利和私欲之路。只有通过后天的教育，才能使人为善。

人生而怀有恶之心。

老师和父母使孩子学习作为社会规范的礼。

通过教育予人以德而为善。

　　荀子**批判了孟子的性善论，主张君子必须通过修习学问而实现向善，进而成为治理国家的人**。荀子是现实主义者，认为人的本性是以无休止的欲望为前提的，如若任其发展，社会就会走向贫困。但荀子对贵族与普通大众的身份差别予以肯定，认为这样的等级制度可以避免人的欲望冲突。

# 命运作为必然性自然，
# 并不是来限定我们的

—— 西田几多郎

西田几多郎是日本最具代表性的哲学家，活跃于第二次世界大战前与第二次世界大战期间。当时，西田几多郎遭逢家人去世、自己疾病缠身的苦难生活。他受到佛学家铃木大拙的影响，**学习禅学**，并对如何构建"**日本佛学思想与近代西方哲学的融合**"进行了摸索。西田几多郎的哲学体系被称为"**西田哲学**"。这是日本哲学中唯一被冠以"**西田哲学**"之名的哲学体系。

命运指的并不是来限定未来的事物，
而是作为待解决的课题
给予我们的事物。

# Nishida
# Kitaro

西田几多郎
公元 1870 年—公元 1945 年

【思想】无的哲学
【地区】日本

### 不幸中诞育的独一无二的哲学

西田几多郎一生经历了很多不幸，比如幼年父亲破产、与兄弟和孩子经历了生离死别、与妻子离婚等。对此他说道："哲学的动机必须是人生的悲哀。"他将这些不幸进行升华，创造出了独一无二的哲学。

黑格尔的辩证法

便利店里打零工很轻松，很适合我！

成为便利店的正式员工就可以了。

把两个对立的想法统合为更好的想法。如此反复，总有一天会找到真理。

总是打零工不是个办法！

西田的绝对矛盾自我同一

虽然便利店的零工很轻松，很适合我……

虽然苦于决定该怎么办，但人就是这样的吧。

总是打零工也不是个办法。

接受这两种矛盾思想的对立，肯定它们的现状。

埃？
又来？

第七章
东方哲学

　　西田几多郎晚年对"绝对矛盾自我同一"理论进行了扩展。该理论指的是对立物在保持对立的状态下进行同一，向现在发展的思想。西田几多郎认为，**对立实际上是一体的**，人通过感知到对立的一体性，就会肯定现在的存在，到达彻悟的境界。这有些令人费解。但也可以说，它是日本人基于禅学发展出来的佛教思想。

# 独立二元之邂逅

——九鬼周造

九鬼周造是活跃于昭和时期的日本哲学家。他在西欧诸国留学 8 年，师从俄国哲学家冯·科贝尔和德国哲学家里克尔特、海德格尔等人，并构建起自己的哲学。九鬼周造以"偶然性"与"必然性"、"自我"与"他人"之间的二元性为基础，通过"偶然性"视角，彻底展开了拘泥于个体的存在哲学。

如果要定义偶然性，
它指的是两个以上相互独立的
因果和系列的邂逅。

## Kuki Shuzo

九鬼周造
公元 1888 年—公元 1941 年

【思想】偶然性哲学
【地区】日本

### 九鬼周造与冈仓天心

九鬼周造的母亲波津子在怀着九鬼周造的时候与冈仓觉三（后来改名冈仓天心，是日本美术院的创立者）相恋，并与丈夫离婚。顺带一提，九鬼周造的父亲九鬼隆一是文部省的官员，是冈仓觉三的上司。后来，周造曾经坦言，他也曾将冈仓觉三当成父亲。

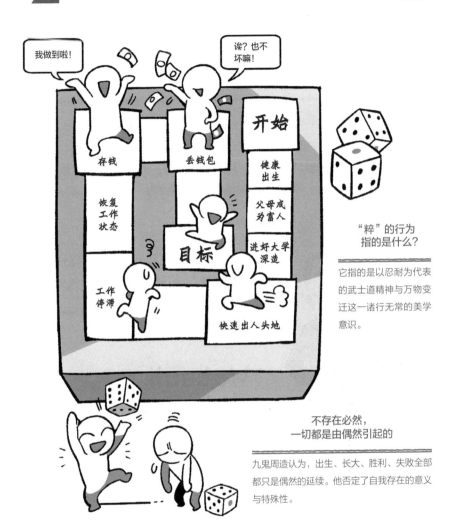

我做到啦！

诶？也不坏嘛！

存钱

丢钱包

开始

健康出生

父母成为富人

进好大学深造

恢复工作状态

目标

工作停滞

快速出人头地

"粹"的行为指的是什么？

它指的是以忍耐为代表的武士道精神与万物变迁这一诸行无常的美学意识。

不存在必然，一切都是由偶然引起的

九鬼周造认为，出生、长大、胜利、失败全部都只是偶然的延续。他否定了自我存在的意义与特殊性。

第七章 东方哲学

　　九鬼周造曾长年在西欧生活。受日本文化的影响，他发表了论文《"粹"的构造》，试图通过西方哲学的现象学来把握江户时代"粹"的美学意识。他认为："人类是偶然间被抛到了地球表面的某一点上。"他考察偶然性和"粹"，**认为从出生到死亡，人生的奥秘和美都蕴含其中**。

第七章

东方哲学

## 08

# 我们存在于日常关系中

——和辻哲郎

　　和辻哲郎是活跃于日本大正与昭和年间的哲学家、伦理学家。他试图将伦理从视为个人意识问题的近代个人主义人生观的谬误中脱离出来。他认为**个人不过是人类存在的一个形态**，他批判了个人主义试图用个人来取代整体，认为个人主义过于抽象。他还认为，**在伦理学范畴存在非个人的东西**，它就是**"关系"**。

人通过具有个人和社会这种两面性的存在"关系"，将对立的事物统一起来，确立起真正的主体性。

# Watsuji Tetsuro

**和辻哲郎**
公元 1889 年—公元 1960 年

【思想】和辻伦理学
【地区】日本

## 与夏目漱石不可思议的邂逅

和辻哲郎在 18 岁时读了夏目漱石的《伦敦塔》，深受感动。25 岁时的一天，他给夏目漱石写了一封仰慕信，并投进了邮筒。就在这天，他前往剧院看戏，碰巧遇到了夏目漱石。此后，两人一直保持着师徒般的关系，直到夏目漱石去世。

# 人是介于个人和社会之间的存在

关系性存在

人既不是脱离社会的个人，也不是社会齿轮上的一部分的存在，是具有个人和社会这种两面性的存在。

如果个性太强……

个人

喂

喂

极权主义

啪……

个人和社会之间的存在，就是日常人类的形态。

利己主义

作为社会的一员，如果性格太强……

社会

　　和辻哲郎以"关系"作为立足点。"关系"指的是在创造"我"和"他人"这些概念之前，将主观和客观视为同一事物的状态。和辻哲郎通过人与人之间的关系来理解人的存在方式，得出了**"我"就是"世界总体"**的结论。他还认为，伦理问题的焦点不在于孤立的个人意识，而**在于人与人之间的关系**。

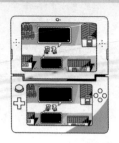

## 结　语

# 人无法停止"思考"

　　本书尽可能地将东方和西方哲学史上重要哲学家的观点概括得简洁易懂。本书强调："两小时就能入门！"就算介绍得比较粗略，你也可以大致掌握"哲学的起源和迄今为止的发展趋势"。

　　本书中有些理论恐怕很难理解。这也没什么关系。在哲学家主张的理论与思想之前，你会发现哲学的幽深与有趣的一面，同时会提出疑问："这是为什么呢？"这样的疑问是非常重要的。因为这样一来，你自然而然就开始了思考。

　　"哲学"这个词有很多定义。一般来说，它指的是"试图更准确地理解世界上所有事物的状态"的学问。人是会质疑的生物，所以一旦产生疑问，在理解与想通之前就不会停止思考。

　　这种哲学层面的"思考力"，即使在高度发达的现代社会，也毫无疑问是有用的，这无关乎是在商业活动中还是在学校里等。如果你能将哲学运用到工作和学习中，我将感到十分荣幸。

　　读到这里，读者朋友们一定已经感受到了哲学的魅力。也许你已经被哲学的魅力所吸引，想踏进哲学的世界。如此，兴许我们会在哪里遇见，我期待着见面的那个时刻。